大人の着こなし研究所・著

着るだけで
きれいに見える
服がある

40代になったら、骨格で服を選びなさい

大和書房

おしゃれの常識、それって本当？

雑誌などでよくあるおしゃれの常識。

「こうすればやせて見える」

「これを着ると脚長に」

「気になるヒップをカバーしてくれる」etc
でも、その常識、人によっては逆効果。

こんなあるある、思い当たりませんか？

Prologue

それって本当?

ハイウエストで脚長効果?

ハイウエストにすれば、どんな人でも脚長に見える?いえいえ、逆効果になってしまう人も。ウエスト位置は人によって違います。ウエスト位置が高めの人がハイウエストで着ると、ウエストのくぼみがなくなり、太って見えてしまうのです。まずは自分のウエスト位置を知りましょう。

OK!

ジャストウエストで
着てみたら、スッキリ!

ルール

厚みのある立体的な体型(ストレートタイプ)はジャストウエストがスッキリ見える。

NG

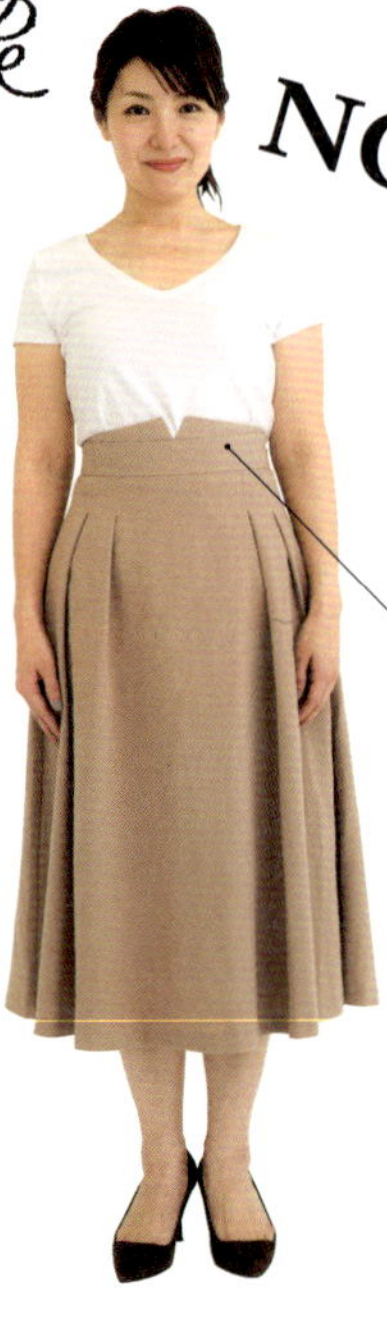

見た目体重
プラス3kg?

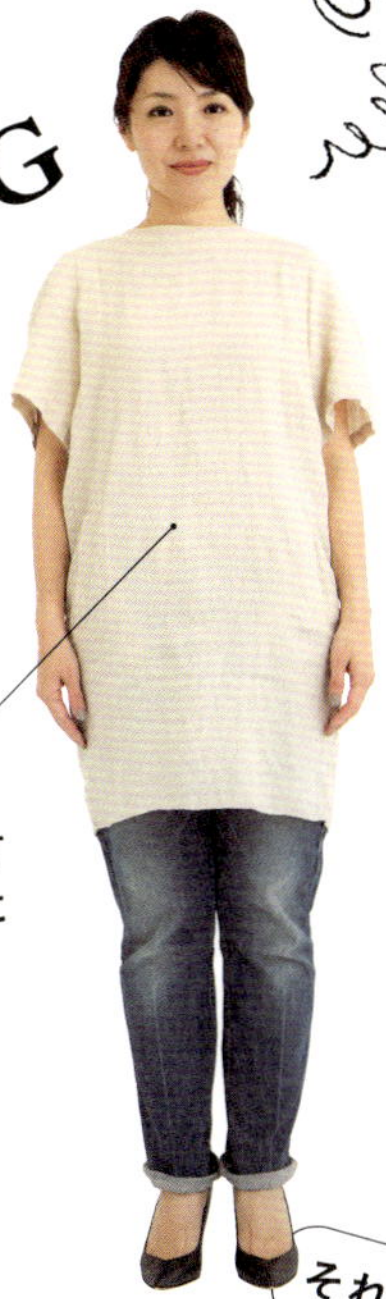
NG
ダボっとして
これぞまさに
着太り？

それって本当？

気になるお腹まわりはチュニックでカバー？

お腹まわりにお肉が付いてくると隠したいのが女心。チュニックのようにすっぽり隠してくれるアイテムだとやっぱり安心。いえいえ、それは隠しているのではなく全体をふくらませているだけ。電車で席を譲られた経験のある方は要注意です。

OK!
ゆるっと
着ないほうが
やせて
見えます
デコルテまわりは
スッキリあけて

ルール

厚みのある立体的な体型（ストレートタイプ）は体から離れた服は、隠すどころか太って見える。

それって本当?

ぴったりは女っぽい？

一般的には身体にフィット＝女性らしいイメージですが、骨格がしっかりしている方は骨っぽさが目立ち、かえって貧相に見えがち。服を身体から離した方が、スタイルアップかつ女性らしさをだすことができます。やせている太っているではなく骨感が大切です。

OK!
ゆったりシルエットで
スタイルアップ！

ルール

骨格がしっかりした体型（ナチュラルタイプ）はゆるっと身体から離れた服がおしゃれに見える。

NG
ぴったりしすぎて
骨が目立ち貧相に？

それって本当?

ワイドパンツは体型を隠してくれる？

下半身が気になる方がウエストをマークしないでワイドパンツをはくと、全体的に太めに、胴長に見えてしまいます。一番細いウエストをマークして、パンツ丈も短めにすることで着やせして見えます。

OK!
ウエスト位置を
高く重心を
上げると
すらりと見える
丈を短めにすると
重くならずに
スッキリ

ルール

下半身が気になる体型（ウェーブタイプ）は、
重心を上げることでスタイルアップ。

NG
下半身が重く
胴長に見える？

START

若さと気合いで
なんでも着こなせた
20代

家事や育児に追われ、
おしゃれする余裕なし！
30代

今ここ！
似合う服がわからない
何を着ていいか
わからない…
おしゃれ迷子…

なんとかして！

骨格スタイル分析で解決！

この本を読むとこんな変化が…

- □自分に似合う服が具体的に言えるようになる
- □朝着る服がすぐ決まる
- □着たい服を自信を持って着こなせる
- □試着室では似合っていたのに……がなくなる
- □「その服どこの？」と聞かれることが増える
- □おしゃれが楽しい！ を実感できる

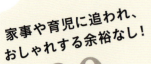

「素敵な人の真似をしても、なぜかおしゃれに見えない」「やっぱり私にはセンスがないんだ……」

そんな経験、ありませんか？

あなたがおしゃれに見えないとしたら、それは、センスがないからでも、はたまた太っているからでもありません。実は「似合う」には「理論」が存在するのです。

私たちの骨格はおよそ200個の骨で構成されており、その構造はひとりひとり違います。その違いを特徴から大きく3つのタイプに分けたのが骨格スタイル分析です。自分の骨格のタイプを知ることで、どんな人でも「理論」でおしゃれになることができるのです。その「理論」は一生モノ。身につけておいて損はありません。

でも、似合う服だけじゃなくて、好きな服も着たい？　それなら似合うように着こなせばいいのです。本書では苦手な服を似合わせる方法もたくさん紹介しています。

骨格スタイル分析で、今度こそあなたの「似合う」を見つけましょう。おしゃれがもっともっと楽しくなるはずです。

Contents

4
印象の決め手は「素材」にあった！
骨格別・似合う素材と柄で魅力的な印象にチェンジ！

5
みんなのお悩みＱ＆Ａ
おしゃれの〝困った〟解決します！

はじめまして！「大人の着こなし研究所」と申します。私たちは、骨格スタイル分析®やパーソナルカラー診断の個人カウンセリングやセミナー講師、またパーソナルスタイリストとしての活動、と、いつもは別々に活動をしています。

そんな私たちが日々お客様と接するなかで、

「最近体型が崩れてきた…」

「何を着てもしっくりこない…」

「昔のようにおしゃれが楽しめなくなった…」

というお悩みを聞くことが多くなりました。

そんな方にこそ、ぜひ「骨格スタイル分析」というわかりやすい理論を知っていただきたいと思い、この本を書かせていただくことになりました。

自分に似合う服、といっても、自分のことって、自分では案外よくわからないもの。

「私は下半身が気になる」「太っているから立体的だ」とか、「いつもこういう服を好きで着ているから○○タイプかな」というような、体型のコンプレックスや「好きか嫌いか」という嗜好などの主観的な視点が大きく入ってきますよね。

でも実は「似合う」はそれだけではありません。自分の身体の軸を作っている骨格や筋肉の発達の仕方、肌の質感等をとらえていく骨格スタイル分析による客観的な視点によって、自分に合った素材や形（デザイン）という「似合うベース」が分かるようになるのです。

骨格スタイルの基本は3タイプ。立体的で弾力のある質感が特徴の「ストレート」。対照的な「ウェーブ」は、身体はやや平面的でソフトな印象。そして、骨や関節が大きくフレームワークを感じる「ナチュラル」の3つのタイプで構成されています。

私たち3人（増子・野村・白杉）は、今でこそ骨格スタイル協会の講師という立場でアドバイザーへの指導もしていますが、それまでは自分の体型コンプレックスをただ隠すためのコーデや、好きなアイテムを思いのままに着ていた苦い過去もあるのです。

例えば、ストレートタイプの増子、

「優しいママを印象付ける入園式スタイルと言えば、やっぱりノーカラーのツイードジャケットにフレアスカートが定番よね！」と選んだものの、集合写真には着太りし、PTA会長の貫禄すら漂う姿が残っただけ……。

ウェーブタイプの野村はというと、

「大人の女性にはリネンシャツ。夏にサラリとかっこよく着こなしてショッピング♪」と出かけたものの、ショーウィンドウにうつった自分の姿は着こなすというよりもくたびれたシャツで疲れた印象の自分の姿……。

そしてナチュラルタイプの白杉は、

「高級なカシミア100%の深Vネックニット。上質な素材を1枚でシンプルにまとってこそ上級者のオシャレというもの」と着こなしたつもりだったけど、会う人みんなに「どうしたの、やせた？ 体調悪いの⁇」と心配される始末……。

今でこそ笑い話ですが、私たちだけではなく皆さんにもこんな苦い経験の1つや2つ、ないでしょうか？

なぜ友人と同じものを着てもステキに着こなせなかったのか。店員さんのマネをしてオシャレアイテムを買ったつもりなのに、野暮ったい印象にしかならなかったのはなぜなのか……。

それは自分のセンスが悪かったわけでも、スタイルが良くなかったからでもなく、自分の骨格タイプとは違ったアイテムを選んでいたからかもしれません。きっとこの後、本書を読んでいただければ、その理由が見つかるのではないかと思います。

骨格スタイル分析を全く知らない方も、骨格スタイルというくくりにはまりすぎてしまって、少し抜け出せなくなってしまっている方にも、この本をきっかけにコーディネートの楽しみ方、選び方が広がり、そして「似合う」のその先を知るための一つの道しるべになればいいなと願っております。

大人の着こなし研究所
ストレート　増子栄子
ウェーブ　野村奈央
ナチュラル　白杉端子

大人の着こなし研究所・メンバー紹介

ストレートタイプ代表

増子栄子《ましこ・えいこ》

DailyClothes+（デイリークローズプラス）主宰、骨格スタイル協会本部講師。アパレルやIT企業等の人事経験を経て転身。会社員経験を活かした等身大ファッションで働くママ向けスタイリストとして活動。「好き」×「似合う」を融合させた一人一人に合ったスタイリングが得意。

HP：https://dailyclothes.jimdo.com
インスタグラム：@eicomash
ブログ：http://ameblo.jp/dailyclothes/

ウェーブタイプ代表

野村奈央《のむら・なお》

㈱COLOR WITCH代表取締役。骨格スタイル協会本部講師。骨格スタイル分析と、パーソナルカラーで人生を輝かせるおしゃれの楽しみ方をご提案。毎日を心地よく、自分らしくいられるようなファッションセミナーを開催。また、元パタンナーの経験を活かし、似合う理論からの服作りを行っている。

HP：https://tiatia1349.jimdo.com/
インスタグラム：@ironomahotsukai
ブログ：https://ameblo.jp/tiatia1349/

ナチュラルタイプ代表

白杉端子《しらすぎ・もとこ》

「着こなスクール」主宰、骨格スタイル協会本部講師。有名セレクトショップにて20年間販売と教育に携わり、のべ5万人のお客様のスタイリングを経験後独立。「骨格」「カラー」「好き」を統合した、独自のメソッドにより、活きたスタイリングを実践形式で伝えている。

HP：https://kikonaschool.com
インスタグラム：@senkaojin
ブログ：https://kikonaschool.com/blog/

1

おしゃれにセンスはいらない
あなたの「似合う」がわかる！

さあ、この章はまず自分のことをよく知りましょう。
知っているつもりで、実は思い込みだったりするもの。
骨格スタイル分析という最強の法則が、
これまで気づかなかったあなたの魅力を引き出してくれます。

あなたの骨格スタイルは？

ざっくり骨格分析

下の項目で一番多く当てはまるのが、あなたの骨格スタイルです。

□ハイウエストにすると太って見える

□太い糸のニットは着ぶくれして見える

□あきの深いVネックで着やせして見える

□ビッグシルエットで着太りする

□透け感のある素材は安っぽく見える

ストレートタイプ

STRAIGHT

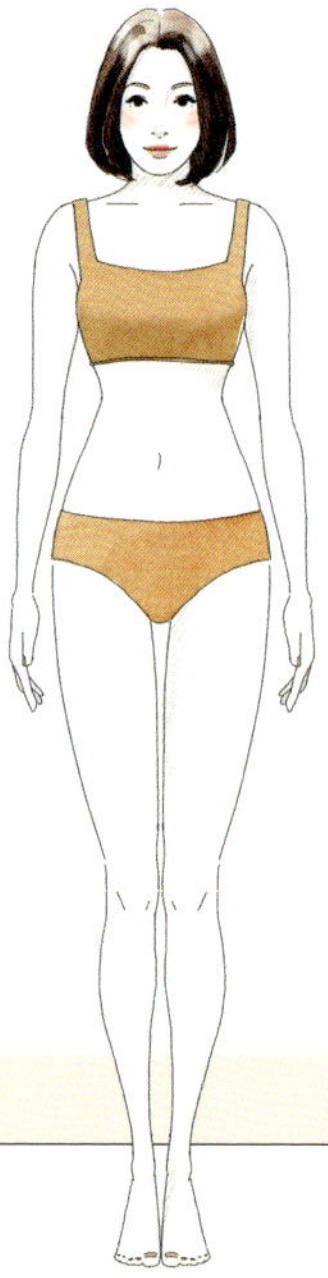

□ローウエストで胴長に見える

□太い糸のニットがおしゃれに見えない

□あきの深いVネックはだらしなくみえる

□ビッグシルエットは服のボリュームに負けてしまう

□ハリのある生地は、着せられている感が出てしまう

ウェーブタイプ

WAVE

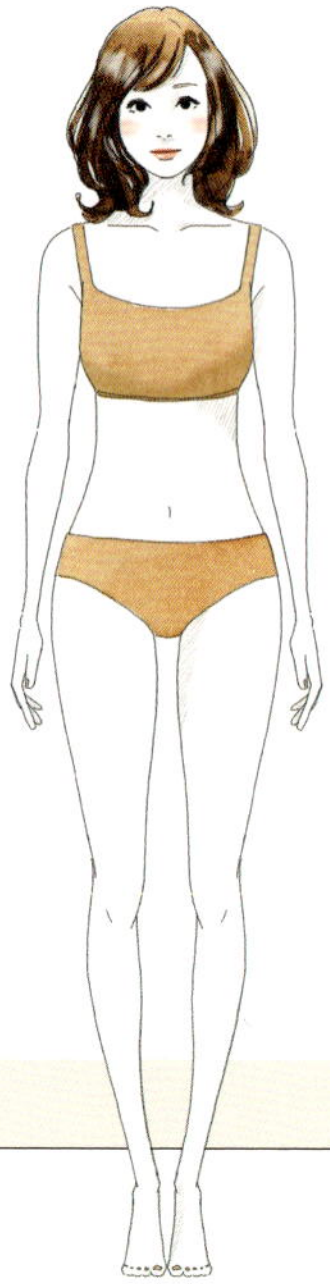

□ローウエストにしておしゃれに見える

□太い糸のニットで着ぶくれしない

□あきの深いVネックは骨っぽさが目立つ

□ビッグシルエットがこなれて見える

□透け感のある素材を着ても女性らしく見えない

ナチュラルタイプ

NATURAL

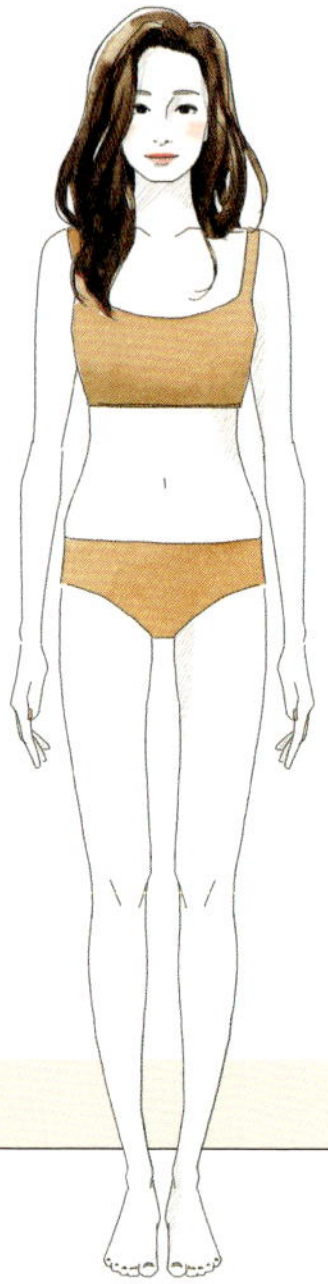

ざっくり骨格分析 Check Point 1

深いVネックが似合う？似合わない？

☑着やせして見える

→ **ストレート**タイプ

スッキリ！

☑だらしなく見える

→ **ウェーブ**タイプ

下着みたい？

☑ゴツゴツして見える

→ **ナチュラル**タイプ

骨っぽい？

ざっくり骨格分析
Check Point
2

太い糸のニットで着ぶくれる？

☑太い糸のニットを着ると
着ぶくれして見える
⟶ **ストレート**タイプ

☑太い糸のニットを着ると
着ぶくれして見えない
⟶ **ナチュラル**タイプ

ざっくり骨格分析
Check Point
3

ハイウエストがしっくりくる？こない？

☑ジャストウエストに
すると胴長に見える
⟶ **ウェーブ**タイプ

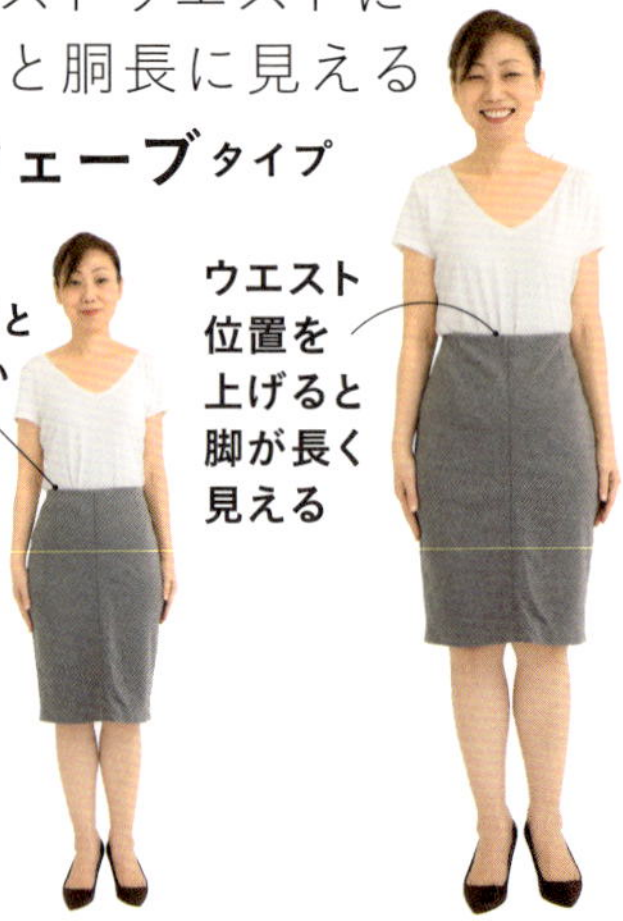
ジャスト
ウエストだと
胴が長〜い

☑ハイウエストに
すると太って見える
⟶ **ストレート**タイプ

ジャスト
ウエストに
すると
スッキリ！
胴が短く
見えて
バランスが
悪い

ざっくり骨格分析 Check Point 4

ビッグシルエットが似合う？ 似合わない？

☑着太りして見える
→ **ストレート**タイプ

☑こなれておしゃれ
→ **ナチュラル**タイプ

☑服のボリュームに負けてしまう
→ **ウェーブ**タイプ

ざっくり骨格分析 Check Point 5

ネックレスの長さはどれが似合う？

☑**ストレート**タイプはみぞおちがしっくりくる

☑**ウェーブ**タイプはショート丈が◎。
ロングは間延びして見える

☑**ナチュラル**タイプはおへそぐらいが◎。
みぞおちだと
長さが足りなく感じる

Straight
ストレートタイプ

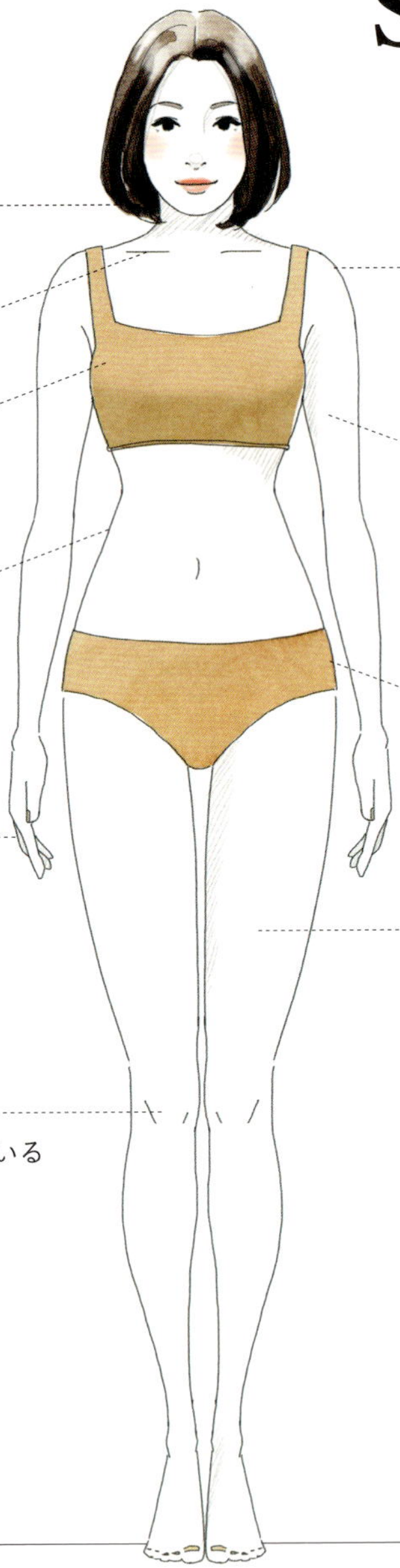

首
・短め

鎖骨
・あまり目立たない

バスト位置
・高め

ウエスト位置
・高め
・くびれがはっきり見える

手
・小さめ
・厚みがある

膝
・小さめ～普通でしまっている
・膝下がスッキリ細い

肩
・厚みを感じ丸い

二の腕
・前から見て丸みがある
・弾力を感じる

ヒップ
・丸く、ボリュームあり

脚
・太ももの前側に
ボリュームがつきやすい

からだの特徴　身体全体に厚みがあり、立体的なメリハリのあるボディ。
筋肉がつきやすく、弾力のある質感。

顔　卵形、横から見て立体的。

ストレートタイプの著名人　藤原紀香、土屋太鳳、ブルゾンちえみ

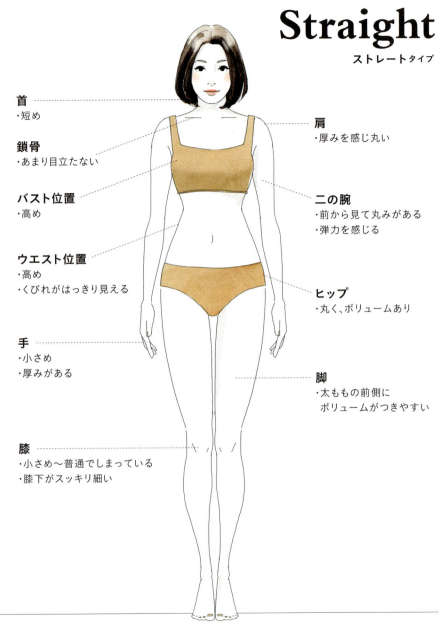

持っていると便利！

ストレートタイプのおすすめアイテム

テーラードジャケットはハリのある上質な素材がオススメ。Vゾーンが深めなもの、装飾のないシンプルなデザイン、ジャストサイズが◎

jacket INED

きちんと感のあるコットンシャツは適度に身体に沿ったサイズ感が◎。とろみ素材は着太りするので、透けないハリのある素材がオススメ。

shirt TOMORROWLAND

直線的なシルエット、サイズはやや大きめがオススメです。マチがあってバッグが自立するようなかっちりした雰囲気のもの、ざらざらピカピカしていない表革が◎。

bag cecile（左）
VIOLAd'ORO（右）

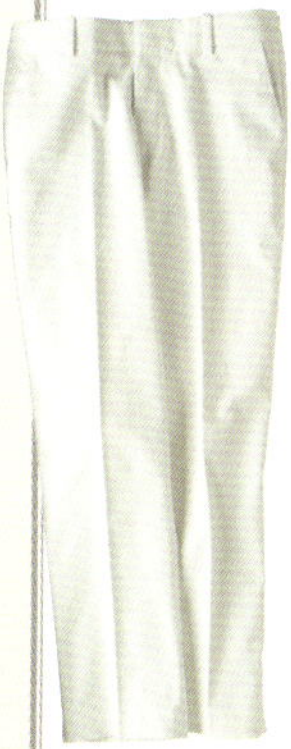

適度に厚みのあるキレイ目なパンツや、センタープレス入りがオススメです。フィット感強めなスキニータイプは肉感を拾い着太りするのでNG!

pants UNIQLO

ハリのある上質な素材のトレンチコートはストレートのマストアイテム。シンプルでカチッとしたデザイン、丈は膝丈がベストバランスです。

coat green

目の細かいハイゲージニットで正統派なデザイン。胸元がスッキリあいたVネックも上品に着こなせます。

knit TOMORROWLAND（左）
JOSEPH（右）

装飾のないシンプルデザインのワンピースは、Iラインシルエットで上品に着こなして。ウエストの切り替えもジャストな位置のものを選んで。

dress
BARNEYS
NEWYORK

表革やキャンバス地等のキレイ目な素材がオススメ。足先も直線的でシャープなデザイン、飾りのないシンプルさが着こなしを格上げしてくれます。

shoes CONVERSE
pumps PELLICO

すとんと落ちたタイトなシルエット。腰回りもフラットなデザインがオススメ。膝丈はストレートの膝下をよりすらっと見せてくれます。

skirt Spick&Span

Wave

ウェーブタイプ

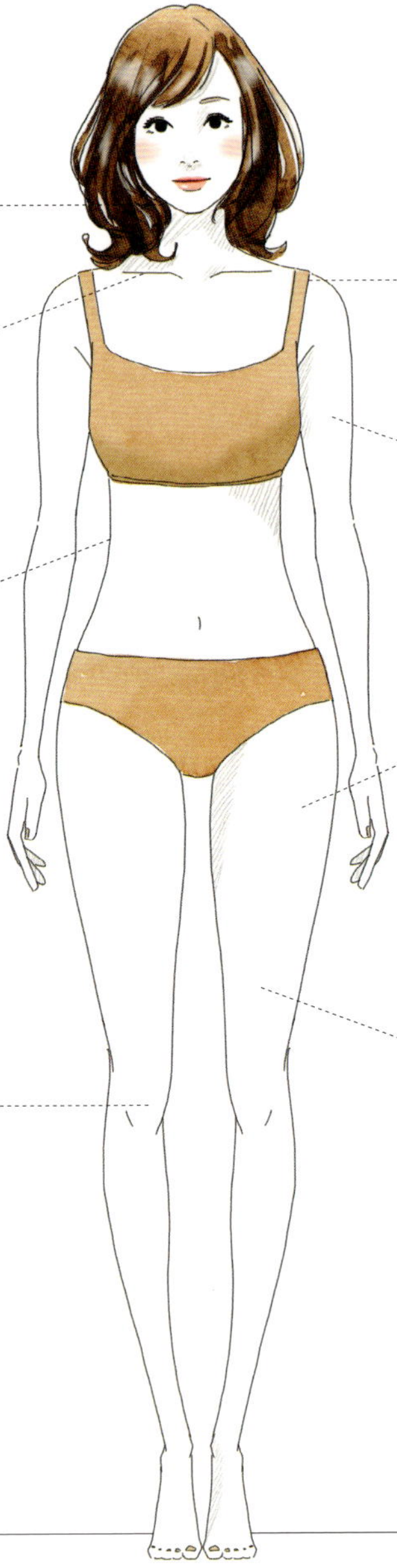

首
・細くて長め
鎖骨
・華奢に出てる
ウエスト位置
・やや低め
・くびれがなだらか
膝
・小さい膝が、
ぽこんと出ている
肩
・肩幅が狭く、
肩先も小さい
二の腕
・肩からすとんと落ちる
腿
・横に張りだしている
脚
・O脚も多い

からだの特徴　上半身は華奢で、下半身にボリュームがある。横から見ると薄さを感じる。筋肉が付きにくいため、やわらかい質感。骨が小さく細いのであまり目立たない。

顔　丸顔、面長。やや鼻が低め。

ウェーブタイプの有名人　佐々木希、松田聖子、柳原可奈子

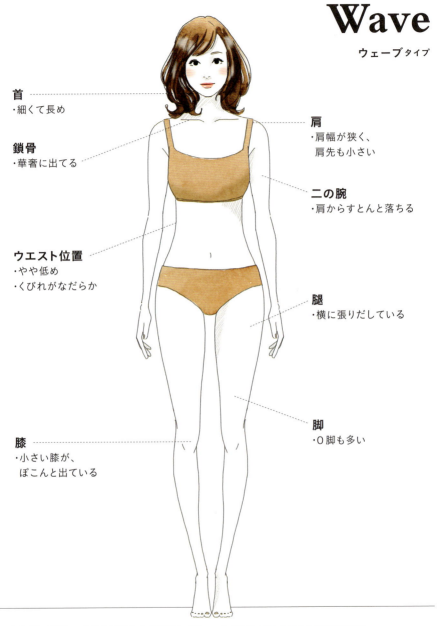

持っていると便利！

ウェーブタイプのおすすめアイテム

透け感のあるシフォン素材は柔らかい肌質と調和します。胸元のギャザーも程よい分量ならエレガントで大人っぽい。

blouse UNITED ARROWS

艶やかなレザージャケットも柔らかさを感じるラムなら繊細な女らしさを印象づけます。袖やボディがフィットするワンサイズ小さめがオススメ。

jacket ANAYI

アクセサリーで、コーデにボリュームや光を足します。小さいパーツの集まりや、ビジューなどの光るパーツ、華奢なデザインのものが◎。

accessories no brand

シンプルなニットは、リブ素材が適度なフィット感でボディに馴染む。肩線が落ちたり、ネックが開き過ぎないものがオススメ。

knit UNIQLO（左）
ROPÉ（右）

甘いトップスに合わせるならタイトがおすすめ。コクーンなら、横に引っ張られてできてしまう横線を気にせずタイトなシルエットを楽しめます。

skirt UNITED ARROWS

フレアースカートは、細いウエストから広がるラインが腰回りをカバーしてくれる嬉しいアイテム。揺れる素材でロング丈でも軽やかに。

skirt apart by lowrys

足元は軽くしたい。大きく重く見えるものはさけて、華奢に見えるデザインが◎。パンプスのヒールは細め、フラットシューズはソールが薄いものを。

shoes JAIME MASCARO
pumps no brand

バッグでもコーデにやわらかさや軽さをプラス。小さめのバッグや持ち手の細いものがオススメ。

bag Anya Hindmarch（左）
UNIQLO（右）

ファンシーツイードのノーカラージャケットは、光沢糸やラメ糸を効かせて華やかな雰囲気に。短い着丈、フィットするサイズ感でスタイルアップ。

jacket kumikyoku

Natural

ナチュラルタイプ

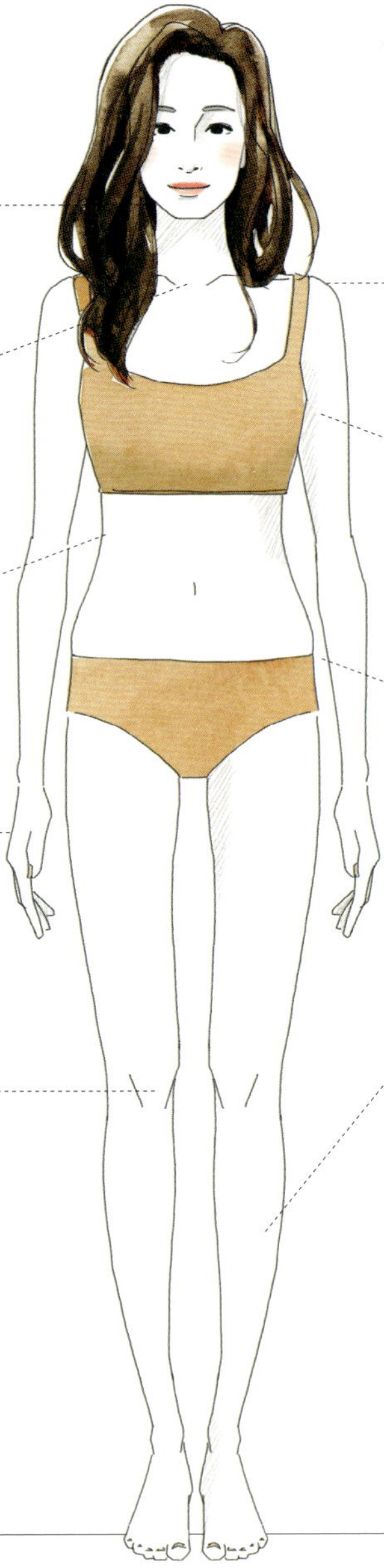

首
- やや太く長め
- 筋ばっている

鎖骨
- しっかり出ている
- 太め

ウエスト位置
- 高め

手
- 大きめ
- 関節や筋が
しっかりしている

膝
- 大きい
- ごつっと出ている

肩
- 肩関節しっかり
- 肩幅は広め

二の腕
- 肉感無し

ヒップ
- お尻の横にボリュームない
- ウエストからお尻が長方形
- お尻が長め

脚
- 足のサイズ大きめ
- くるぶし出ている
- ふくらはぎに
筋がしっかりでている

からだの特徴　しっかりした骨格。骨と関節が目立つ。手足は長くフレーム感がある。

顔　エラがはっている、ほお骨高く、鼻の付け根高い。

ナチュラルタイプの著名人　今井美樹、天海祐希、虻川美穂子（北陽）

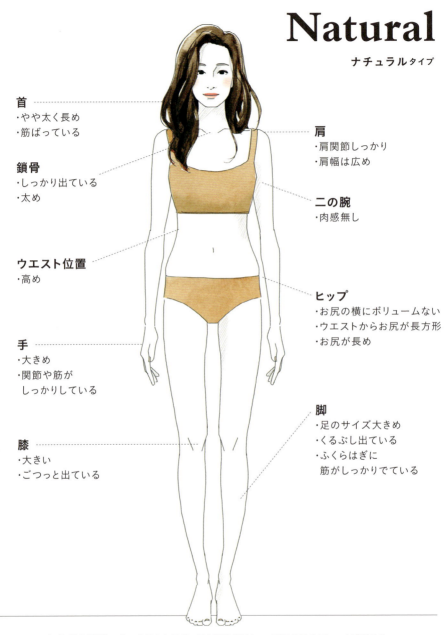

持っていると便利！

ナチュラルタイプのおすすめアイテム

マットな質感にあうリネンシャツは何色か揃えてコーデの軸に。少し大きめのシルエットがバランス◎。

shirt UNITED ARROWS（左）
UNIQLO（右）

大ぶりのアクセサリーはシンプルなコーディネートにスパイスをつけてくれるので是非取り入れてみてください。天然石やマットな質感がオススメ。

necklace OWN
bangle ANNE-MARIE CHAGNON

これ1枚で長さが出せるロングカーディガンは温度調節もかねてオールシーズン活躍するアイテムです。膝より長いものがオススメです。

cardigan
shimamura

大きめのカゴバッグはボリュームを出せるカジュアルタイプの必須アイテム。コーデに動きがでるフリンジはバッグで取り入れて。

bag no brand（左）
REBECCA MINKOFF（右）

コットンワイドパンツはトップスを選ばない優秀アイテムです。ハリのあるチノ素材などがオススメです。春夏はリネンやカットソー、冬はニットにあわせて。

pants PLST

スカートにもパンツにもあわせられるカジュアルの代表アイテム、ざっくりニット。骨っぽさもしっかり隠してくれます。メンズアイテムも要チェック。

knit IMAGE

素材、カタチともに重心を下げられるデニムロングスカートはデイリーに活躍するカジュアルアイテムです。マキシ丈を選んで。

skirt W by woadblue

無造作感の出る毛足の長いファーアイテムはデニムやワンピース等幅広くあわせられる優秀アイテムです。

vest Sov.

ハイカットやウェッジソールはコーディネートに重さを出すナチュラルの必須アイテムです。

shoes CONVERSE
sandals JIMMY CHOO

骨格分析でもし迷ったら……

P14の分析で複数のタイプに同じ数ずつ☑が
ついてしまった方は、下記追加項目もやってみてください。
各タイプの「あるある」をピックアップしました。
ご自分の体験で思いあたるところありませんか？

ストレートとウェーブに2つずつ✓が付いた

☑トップスよりボトムスの
サイズが大きいものを選ぶことがある …… **ウェーブタイプへ**

☑ぴったりしたデニムを履くと
太腿の前側のハリが気になる …… **ストレートタイプへ**

ストレートとナチュラルに2つずつ✓が付いた

☑顔周りにウェーブヘアがあると
老けて見える気がする …… **ストレートタイプへ**

☑シンプルなネックレスが寂しく見え、
多連使いの方が褒められる …… **ナチュラルタイプへ**

ウェーブとナチュラルに2つずつ✓が付いた

☑カプリパンツにバレエシューズで
バランスがよい、寸足らずにならない …… **ウェーブタイプへ**

☑ロングカーディガンに
ワイドパンツの着こなしが
だらしなく見えない …… **ナチュラルタイプへ**

2

着こなし次第でこんなに変わる！

骨格別
ベーシックアイテム

この章では、骨格別に、
ベーシックアイテムの選び方や着こなしのポイントを、
実際のコーデでご紹介します。
コーデは、ベーシック、エレガント、カジュアルと
3タイプ展開しています。
苦手なものを〝似合わせる〟テクニックもお伝えします！

プロが教える！

スタイルアップのポイント
重心バランスをマスターする！

身体のボリュームの偏りがどこにあるか、考えたことがありますか？
スタイルアップして見えるポイントは
重心バランスを制することにあります。
骨格によってそれぞれ重心が違います。
同じコーデを着ても脚が長く見える人もいれば、
太って見える人もいるのは、重心が違うため。
自分の重心がどこにあるかを知って、偏って見えないよう、
バランスを取る着方をするのがスタイルアップのコツ。
ウエストの切り替え位置や着丈などを意識すれば、
誰でも簡単にスタイルアップして見えます！

Straight ｜ ストレートタイプ

- ☑重心バランスは真ん中
- ☑肩回り～二の腕、ヒップに丸みがある

スタイルアップポイント I

- ☑横に広がらないIラインシルエットで着やせ効果
- ☑上下のバランスが同じなのでウエスト切り替え位置は真ん中が理想

Natural ナチュラルタイプ

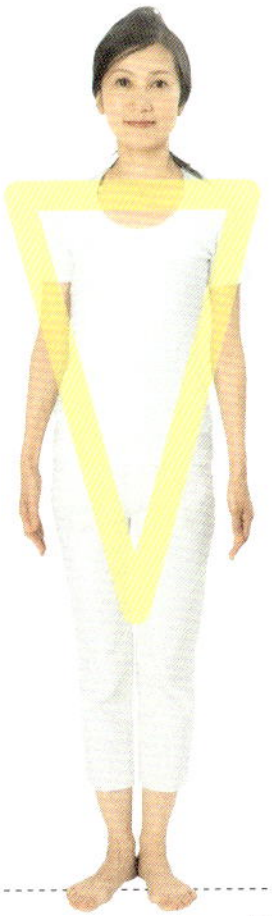

- ☑肩幅があり、ヒップにボリュームがないため、逆三角形シルエット
- ☑骨感が目立つ

スタイルアップポイント A&Y

- ☑重心を下げると、張った肩まわりが目立たなくなる
- ☑アルファベットの「A」のようにすそ広がりのシルエット
- ☑アルファベットの「Y」のようにアクセサリー、ストール、ヘアスタイル等で肩まわりにボリュームをのせる

Wave ウェーブタイプ

- ☑下半身にボリュームがあるので重心は下
- ☑上半身は華奢で薄い

スタイルアップポイント X

- ☑Xラインシルエットを作ると下半身が目立たない
- ☑ウエストの切り替え位置は上にして重心を上げる

ストレートタイプの着こなし

Shirt/Blouse

シャツ・ブラウス

Basic code

Iラインシルエットで着やせ効果大

1
肩に丸みがあるので、
肩線は落ちすぎないこと

2
リッチな光沢感のある素材で
地味になりすぎない

3
タイトスカートで
直線的なラインを作る

Match for Straight!

shirt Deuxieme Classe
skirt Whim Gazette
bag BELLMER
pumps PELLICO

□上半身が立体的なので
シンプルシャツは得意アイテム
□適度にハリがあり、透けない素材が良い
□丸襟はNG

カジュアルこそキレイ目素材でラフになりすぎない

Casual code

プルオーバーシャツもシンプルな深いVネックで立体的な上半身をスッキリ見せて。パンツの大きなポケットは腰回りをカバーしてくれます。

shirt upperhights
pants GU
sunglasses GU
stole PLST
bag shimamura
shoes BOEMOS

やわらか素材もシャツなら着太りしない

Elegant code

ソフトな素材は筋肉の弾力に負け、着太りして見えがち。形はシャツタイプを選び、センタープレスパンツで直線を強調。

shirt IENA
pants NOBLE
bag GIANNI NOTARO
scarf GUCCI
sandals sergio rossi

ウェーブタイプの着こなし

Shirt/Blouse

シャツ・ブラウス

Basic code
1
深い開きでも
寂しくならない
ヘンリーネック
2
七分袖で重心アップ
3
トップスにはとろみ、
ボトムスはニット素材で
ふんわりと
やわらかい異素材の
組み合わせで
シンプルコーデを
上品に格上げ
Match
for
Wave!

shirt UNIQLO
skirt EPOCA
bag ZARA
sandals VII XII XXX SAINT TROPEZ

- □身体から浮かないとろみ素材で身体の薄さをカバー
- □小さめサイズが良い
- □ブラウスは透け感のある素材もオススメ

Xラインを作るとスタイルアップして見える

Casual code

ゆったりと着たいシャツも、ワンサイズ小さめがキレイ。薄手のシャンブレにたっぷりと広がるフレアスカートを合わせて。シャツはウエストinが鉄則。

shirt Right-on
skirt GU
bag crolla
stole N.Natural Beauty Basic*
shoes MAMAIKUKO

大人なら全身フェミニンの甘×甘コーデは卒業する

Elegant code

透けのある素材のブラウスは、それだけでエレガント。フェミニンになり過ぎないように、パンツとヒールを合わせてカッコよくするのが大人のオシャレ。

blouse UNITED ARROWS
pants ROPÉ
bag UNIQLO
stole no brand
sandals TOD'S

ナチュラルタイプの着こなし

Shirt/Blouse

シャツ・ブラウス

Basic code

長く見えがちな
ヒップを
カバーしてくれる着丈感

1
大きなタックで胸元に立体感を

2
丈は腰骨より長いものを

3
ゆったりサイズで身体から浮かす

Match for Natural!

shirt GU
pants GAP
bag UNITED ARROWS
shoes Church's

□大きめサイズを選ぶと貧相に見えない
□タックの入ったプルオーバーが体型をカバー
□リネンなどラフな素材も似合う

こなれ感を出すにはリネン素材は最強アイテム

Casual code

シャツは前だけインで長く見えがちなヒップはあえて隠してスタイルアップ。目立ちがちな骨っぽくて大きな膝もひざ下丈のタイトスカートでさりげなくカバー。

shirt UNITED ARROWS
skirt PLST
tops MILFOIL
bag RICCHI EVERYDAY
sandals CALZANOR

重心を下げるとバランスよく見える体型を生かして

Elegant code

カジュアルアイテムのイメージが強いリネン素材はマットな質感のナチュラルにぴったり。マキシ丈のスカートを合わせることでコーデの下に重さがくるようにするのが◎。

shirt UNIQLO
skirt Dries Van Noten
bag Sans Arcidet
sandals Gianvito Rossi

ストレートタイプの着こなし

Knit

ニット

Basic code

ワントーンコーデは
Vネックの肌見せで
抜け感を

1
深めのVネックで
デコルテを美しく

2
体幹の丸みを直線的な
ラインでカバー

3
ボトムスも同色で
Iラインシルエットに

knit Whim Gazette
pants shimamura
bag VIOLAd'ORO
scarf manipuri
shoes FABIO RUSCONI

Match for Straight!

- □首が短めのタイプなので、Vネックがオススメ
- □目の細かいハイゲージニットが◎
- □ジャストサイズで着やせ効果を

ネックレスでVラインを作り視覚効果ですらりと

Casual code

襟元が詰まったクルーネックはキレイ目なハイゲージがオススメです。ベイカーパンツはパンプスを合わせて、カジュアルにしすぎない着こなしが◎。

knit UNIQLO
pants Plage
scarf Spick&Span
bag FLYNN
pumps CHEMBUR

ゆるニットもVネックを選べば上半身スッキリ

Elegant code

苦手なシルエットのニットは、胸元のVラインで直線を入れてひきしめて。フレアスカートもフラットな素材でスッキリまとめて。

knit STUNNING LURE
skirt ASTRAET
bag HELEN MOORE
stole H&M
pumps FABIO RUSCONI

ウェーブタイプの着こなし

Knit

ニット

Basic code

リブ素材なら
ほどよいフィット感で
寂しく見えません

1
体の線を拾わない
リブ素材が◎

2
ウエストインできる
薄いニットを選ぶ

3
シンプルアイテムこそ
色と柄（レース）で
華やかさを

knit UNITED ARROWS
skirt UNITED ARROWS
bag Anya Hindmarch
pumps UNITED ARROWS

Match for Wave!

□開きすぎず、短いネックレスもしやすい、
クルーネックがオススメ
□ボディラインを拾いすぎない
リブ素材が使いやすい

ゆるっと着たいならモヘアがおすすめ

Casual code

オーバーサイズでも、モヘアなら軽く見えます。白デニムを合わせたふんわりとした配色には、小物でスパイスを。

knit GALERIE VIE
denim Lee
bag SLY
pumps Odette e Odile

薄いデコルテにはドレープで立体感を

Elegant code

ドレープが薄い胸元に立体感を足してくれるので、トップスだけで華やぐ嬉しいデザイン。同系色のシフォンのプリーツを合わせて、大人のエレガントを演出。

knit Banana Republic
skirt ANAYI
bag ZARA
sandals TOD'S

ナチュラルタイプの着こなし

Knit

ニット

Basic code

ドルマンスリーブは骨ばった肩をカバーしてくれる

1
大きめサイズのニットをたっぷりと着て女性らしさを

2
ボディラインを拾わないドルマンスリーブ

3
ひざ下丈とタイツで下に重さをプラスしてバランスよく

knit GU
skirt UNIQLO
bag Anita Bilardi
stole green label relaxing
pumps PELLICO

Match for Natural!

□ローゲージニットで身体のラインを隠す
□ドルマンスリーブで骨ばった肩をカバー
□ビッグシルエットがオススメ

ビッグシルエットには細身のパンツを合わせる

Casual code

細身のパンツを履いたときのトップスをシンプルにしすぎると少年体型のようになりがち。ヒップの隠れるローゲージのドルマンのニットをあわせることで、女性らしさをプラス。

knit titivate
denim RED CARD
bag GU
pumps PLST

ざっくりニットで骨っぽさをカバー

Elegant code

ざっくりニットは骨感のあるナチュラルにオススメアイテム。フレアパンツでさらに重さを出して鉄板シルエットにしあげます。

knit PLST
pants GU
bag MALA PIPILA
sandals Gianvito Rossi

ストレートタイプの着こなし

T-Shirt

Tシャツ

Basic code

Tシャツ1枚でも寂しく見えない立体感

1
深めのデコルテで
胸元スッキリ

2
シンプルベーシックな
アイテムが得意

3
トップスがベーシック
だからこそカラーパンツで
アクセントを

tops COLOR WITCH
pants Spick&Span
bag no brand
pumps PELLICO

Match for Straight!

- □デコルテは深めのUネックやVネックで首の短さをカバー
- □チビTは着太りして見えるのでNG
- □肉感を拾わず適度に厚みのある生地
- □着丈は腰骨にかかるくらいの普通丈

肩ラインが合うと着やせして見える

長めの半袖丈を選べば二の腕も気にならない

Casual code

縦に入ったリブ素材もフィットしすぎないデザインのものを。上下似合うアイテムだからこそナチュラルテイストの小物合わせであえてはずして。

tops OPAQUE.CLIP
skirt ZARA
bag no brand
sunglasses GU
sandals PELLICO SUNNY

Elegant code

ベーシックなTシャツも気になる二の腕をしっかりかくしてくれる袖丈が着やせのポイント。レースのタイトスカートは大きめな花柄を選ぶことが似合わせのコツ。

tops American Apparel
skirt GU
stole JILLSTUART
bag UNITED ARROWS
pumps PELLICO

ウェーブタイプの着こなし

T-Shirt

Tシャツ

Basic code

Tシャツ1枚で着るなら、色などで華やかさをプラスして

1
広めの袖口は腕を細く見せてくれる

2
ウエストはきっちりマークしてスッキリ

3
ピンクには落ち着いたグレージュを合わせて大人っぽく

tops COLOR WITCH
skirt UNTITLED
bag ROOTOTE
pumps Riz raffinee

Match for Wave!

□色かデザインで薄い上半身にボリュームを足す
□ブラウジングもできるサイズ感
□腕が細く見える広めの袖口

デニムはキレイ目に着ると垢抜けて見える

Casual code

カジュアルアイテムのデニムに合わせるTシャツは、ゆれや曲線でやわらかさをプラス。小物のエナメルやチェーンの光で華やかに。

tops UNIQLO
denim GU
bag Belluna
shoes GU

長めの袖×ネイビーを選ぶとTシャツもシックになる

Elegant code

ロングスカートは、シフォンの透けで軽さをプラス。トップスは、フィットするリブ素材で、コーデにメリハリが生まれます。

tops UNIQLO
skirt UNITED ARROWS
bag no brand
stole Borsalino
sandals PELLICO

ナチュラルタイプの着こなし

T-Shirt

Tシャツ

Basic code

Tシャツ1枚で着るなら、ゆったりしたシルエットを出すと貧相に見えない

1
前タックが身体に
立体感を
出してくれる

2
たっぷりとした
サイズ感で
身体の線を拾わない

3
張りのある
ワイドパンツで
重心を下に

tops PLST
pants GU
bag REBECCA MINKOFF
stole ÉPICE
pumps PELLICO

□服の中で身体が泳ぐような
たっぷりシルエット
□肩線が落ちていると
骨ばった身体も女性らしく見える
□前タックがあるもので立体感を出す

1枚でもサマになるトップスは重宝する

Casual code

肩線が落ち、袖まわりのゆったりしたカットソーは1枚で着ても貧相にならない夏のオススメアイテム。大きなカゴバッグでボリュームプラスも必須。

tops Spick&Span
skirt no brand
bag SENSI STUDIO
sandals Ras

苦手な化繊はダークカラーや素材で重さを足して

Elegant code

やわらかいポリエステル素材は質感がマットなナチュラルには安っぽく見えがち。表面に凹凸があり、厚みがあるポリエステルを選んで。

tops dolly sean
pants GAP
bag J&M Davidson
stole FALIERO SARTI
pumps PLST

Border

ボーダー着比べ

誰もが
1枚は持っている
ボーダー。
骨格ごとに
似合うボーダーは
違います。
骨格別に
オススメボーダーと
似合わせ方を
ご紹介します。

直線的な柄は
ストレートが大得意

ベーシックな
線の太さが一番似合う

ストレートタイプの着こなし

直線的なボーダー柄はストレートの得意な柄の一つ。ピッチは太すぎず細すぎないベーシックなもの、コントラストが強いほうがよりシャープな印象に。

適度に厚みのあるコットン生地でボートネックをスッキリ見せて。カジュアルな印象のボーダーはタイトスカートでキチンと感のある着こなしを。

Natural

RIGHT
tops The SECRETCLOSET
denim LEE
bag RAPTURE
pumps PLST

LEFT
tops IMAGE
pants BEAMS
bag CLARE VIVIER
sandals JIMMY CHOO

Wave

RIGHT
tops earth music&ecology
skirt apart by lowrys
bag Three Four Time
shoes Odette e Odile

LEFT
tops BEAMS
skirt WHITE THE SUIT COMPANY
bag cal
sandals no brand

Straight

RIGHT
tops UNIQLO
skirt CROON A SONG
bag shimamura
sandals PIPPI CHIC

LEFT
tops DES PRÉS
pants shimamura
bag Pelletteria Veneta
pumps no brand

ウェーブタイプの着こなし

ボーダー線は
胸元までのものが◎

カジュアル感が強いボーダーも、ソフトな素材と色でキレイ目コーデ。ウェーブは顔回りまでボーダー線がこないものを選ぶとスッキリ見えます。

細いピッチの
ボーダーなら華奢な
体型によく合う

華奢なウェーブにはピッチが細い方が柄に負けずによく似合います。ロング丈のフレアーには、フラットシューズで今っぽく。

ナチュラルタイプの着こなし

太ボーダーを
着こなせるのは
ナチュラルだけ

ざっくりシルエットと太いボーダーは骨っぽさを隠してくれます。コントラストの強い配色もフレーム感の強い体型と調和してオススメ。

個性的な
多色ボーダーで
平面的な身体に
立体感を

着こなすのが難しい個性的な多色使いのボーダーはそれだけでコーディネートに奥行きが出て、平面的な身体をカバーします。

Tight Skirt

タイトスカート着比べ

縦のラインを作るベーシックなタイトスカートは、ストレートタイプが得意なアイテムと思われがちですが、ウェーブタイプやナチュラルタイプも、素材やデザインを選べば、おしゃれに似合わせることができます。ウェーブタイプならソフトな素材で曲線的なシルエットのものを選ぶ、ナチュラルタイプならニットなどの厚地の素材でひざ下丈を選ぶ、など。自分に似合うタイトスカートを見つけて、おしゃれを楽しみましょう。

ストレートタイプの着こなし

Iラインを強調する
タイトスカートは得意アイテム

腰回りに丸みがあるので立体感を足してしまうタックやギャザーのないデザインで、スッキリ見えます。スカート丈は膝が見え隠れするくらいがバランスとりやすく◎。

knit IENA
skirt BOSCH
bag MARCO BIANCHINI
pumps CHEMBUR

ナチュラルタイプの着こなし

厚地のロングタイトなら間違いなし！

ニット素材のロングタイトと厚底靴で全体的に長さと重さを出してスタイルアップ。タイトスカートはひざ下より長いほうがオススメです。

knit UNIQLO
skirt titivate
bag REBECCA MINKOFF
stole GU
shoes Boisson Chocolat

ウェーブタイプの着こなし

苦手なタイトも、コクーンでスタイルアップ

ウエストにタックの入ったコクーンなら、腰回りのボリュームを隠せてオススメ。フェミニンなトップスには、タイトスカートがスッキリ。

knit ROPÉ
skirt UNITED ARROWS
bag HAMANO
pumps Odette e Odile

Flare Skirt

フレアスカート着比べ

ふんわりボリューミーで存在感のあるフレアスカート。
骨格別に似合うタイプのフレアスカートを選んでトレンドを楽しんで。
ただし、間違うと着太りして見えがちなので要注意。
顔から離れているので、好きな色で遊ぶことも可能です。

ストレートタイプの着こなし

広がりのあるフレアは
腰まわりスッキリ＆ハリのある
素材を選ぶ

立体感が出るフレアスカートは着太りしがちなので生地はたっぷり使っていないデザインがオススメ。カーディガンのボタンを全部とめてVネックニット風に着こなしても。

knit SLOBE IENA
skirt no brand
bag UNITED ARROWS
sandals NEBLONI E

ウェーブタイプの着こなし

ボリュームスカートは、薄くて軽い素材をチョイス

風がするりと通る素材を選べば、ボリュームのあるロング丈も楽しめます。トップスはシンプルニットですっきり。

skirt SHENERY
bag RODE SKO
shoes MAMAIKUKO

ナチュラルタイプの着こなし

ロングフレアもハリのある素材で重さを意識！

厚手のチノ素材のロングスカートは素材で重さが出せてスタイルアップします。共布のベルトは長めに垂らすことで重心が下がります。

knit H&M
skirt GU
bag ROUGE a levres
shoes CONVERSE

ストレートタイプの着こなし

ストレートシルエットで キレイ目にまとめて

色落ちがあまりないハリのあるインディゴデニムが似合います。得意なシャツやポインテッドトゥのシューズでラフすぎないキレイ目カジュアルスタイルに。

shirt la SPLENDINA
denim MUJI
bag TIDI DAY
pumps PELLICO

Denim

デニム着比べ

出番の多いカジュアルの
王道アイテムのデニムも、
骨格によって
似合うデザイン、
着こなしが違います。
自分に似合う
デニムを発見して。

ナチュラルタイプの着こなし

鉄板ワイドデニムで重心を下に

シンプルなウールニットの合わせもワイドデニムがあれば格上げ間違いなし。着こなしがシンプルな分、合わせる小物の色や柄で変化をつけて。

knit MUJI
denim UNIQLO
bag Anita Bilardi
stole STELLA McCARTNEY
pumps PLST

ウェーブタイプの着こなし

デニムも重心は上に、薄手は鉄則

固く見えない素材がオススメ。着丈の短いトップスに合わせられるハイウエスト。シンプルなアイテムの組み合わせには、小物で柄をプラスして。

knit EPOCA
denim GU
bag UNITED ARROWS
sandals ZARA

Wide Pants

ワイドパンツ着比べ

ウェーブタイプの着こなし

歩くたびに揺れる素材なら、ワイドパンツも得意アイテムに

短めのパンツ丈と、ヒールサンダルで足元を軽く、ゆれる素材がさらに軽さをプラスします。トップスは、シンプルにあくまで軽くが◎。

pants EPOCA
bag niko and...
sandals GU

ストレートタイプの着こなし

太すぎないシルエット、センタープレスでスッキリ見せる

下半身に広がりを持たせたくないのでセミワイドがオススメ。ボトムスにボリュームがあるのでトップスはジャストサイズでバランスをとって。

knit Deuxieme Classe
pants Noble
bag MARCO BIANCHINI
sandals PIPPICHIC

着ていて楽チン、しかも七難隠すと言われるワイドパンツ。
でも下半身にボリュームがあるウェーブタイプは
より下半身が強調されることにも。
でもトレンドのワイドパンツを履きたい！
そんなときは着丈や素材に注意すれば大丈夫！

ナチュラルタイプの着こなし

トップスに重さを出せば、
やわらか素材のワイドもOK

やわらかい素材のワイドパンツを履く時は、トップスにデニム等得意な素材で重さを出し、全体が軽くなりすぎないように。アイテムだけでなく全体のどこかに重さをもってくることを意識して。

shirt GAP
pants no brand
bag ZARA
sandals Ras

Tapered Pants

テーパードパンツ着比べ

カジュアルだけどきちんと感も出したい時に
鉄板なテーパードパンツ。
ストレートタイプが得意なアイテムですが、
ウェーブタイプやナチュラルタイプも着こなし&似合わせでカッコ良く。

ストレートタイプの着こなし

9分丈センタープレスパンツは
ストレートの定番アイテム

キレイめなテーパードパンツに立体的な上半身をスッキリと見せてくれるVネックニット。シンプルベーシックな王道スタイルもジャストサイズが着やせのポイント。

knit Whim Gazette
pant ZARA
bag CHRISTIAN VILLA
pumps PELLICO

ウェーブタイプの着こなし

タックの入り方と
膝下のサイズ感が
ポイント

足の付け根の横ハリを目立たせない程よいタックがポイント！　膝下も細いサイズ感をチェック。トップス全部インのハイウエストは、もんぺに見えがちなのでブラウジングでスタイルアップ。

knit iCB
pants ROPÉ
bag DRESKIP
pumps MODE ET JACOMO Meda

ナチュラルタイプの着こなし

テーパードパンツは
トップスに長さと
ボリュームをのせて！

ワイドパンツのようにすそに重さがないテーパードパンツはトップスを腰の骨より長く、ざっくりしたものでバランスを調整。大きなバッグでボリュームを出すことも大切。

knit PLST
pants UNITED ARROWS
bag no brand
pumps PELLICO

Jacket

ジャケット

Basic code

ベーシックジャケットで
王道オフィススタイルの
完成

1
ジャストサイズで
着やせ感

2
スカーフでIライン
シルエットを強調

3
キレイ目9分丈パンツ
との相性が◎

jacket BACCA
tops GALERIE VIE
pants NOLLEY'S
bag VIOLAd'ORO
scarf manipuri
pumps PELLICO

Match for Straight!

□1つボタンのテーラードジャケットが似合う
□キレイ目で上質な素材感のあるもの
□肩はジャストサイズにすると着やせして見える

キレイ目ジャケット＋デニムでおしゃれ上級者に見える

Casual code

ビジネスライクなテーラードジャケットもデニムであえてはずして。全身をカジュアルアイテムでまとめるよりもこなれ感が出ます。

jacket BACCA
knit SHIPS
denim upper hights
bag no brand
scarf Hermès
pumps UNITED ARROWS

ハードなライダースジャケットは甘口をミックス

Elegant code

直線的な襟、かっちりしたデザインのライダースジャケット。ざらざらしていないキレイ目な表革がオススメです。

jacket SIMPLICITE
knit Whim Gazette
skirt Free's Mart
bag TOFF&LOADSTONE
sandals GU

ウェーブタイプの着こなし

Jacket

ジャケット

Basic code

短い丈にするだけでスタイルアップして見える

1
ノーカラーで立体感のなさをカバー

2
無地でも織りで柄をプラスして苦手なシンプルを克服

3
短い着丈で重心を上げる

Jacket COLOR WITCH
tops COLOR WITCH
skirt UNITED ARROWS
bag HAMANO
pumps MODE ET JACOMO Meda

Match for Wave!

□織り柄のある素材で立体感をプラス
□ウエスト絞りきつめにコンパクトに
□着丈・袖丈短め、裾のペプラム切替線も重心が上がるので◎

シャネルツイードは華奢だからこそ着こなせる

Casual code

セレモニーくらいしか出番のないツィードジャケット。デニムやプチプラ小物とあわせて、大人の女性らしいかっこいい着こなしに。

Jacket COLOR WITCH
tops COLOR WITCH
denim Lee
bag ma clef
shoes GU

レザーブルゾンは、ソフトなボトムスで印象を変えて

Elegant code

辛口アイテムのレザーブルゾンも、ラムならやわらかな質感に調和します。ボトムスも透ける素材で、コーデ全体をやわらかな印象に。

Jacket ANAYI
knit ROPÉ
skirt ANAYI
bag BANANA REPUBLIC
shoes GIUSEPPE ZANOTTI DESIGN

ナチュラルタイプの着こなし

Jacket

ジャケット

身体のラインを
ひろわない
ラフなジャケットを
お仕事仕様に着こなす

jacket TIENS ecoute
tops three dots
pants GAP
bag CELINE
stole ÉPICE
pumps PELLICO

- □素材は麻混など、ラフなものや地厚なものを
- □丈は腰骨より長く、ボタン位置も低めで重心を下げる
- □全体的にゆったりしたシルエットがオススメ

レザーブルゾンはあえてスカートと合わせる

Casual code

マットな質感と調和するレザーアイテムははおりものにオススメ。ジャケットが短い分、マキシロングスカートとハイカットスニーカーで重さを足しましょう。

jacket UNITED ARROWS
knit UNIQLO
skirt W by woadblue
bag Sans Arcidet
shoes CONVERSE

ロングツイードジャケットでカジュアルエレガントに

Elegant code

ロングジャケットは1枚で長さを出せるオススメアイテム。ツイード素材だと質感も調和しさらに◎。デニムであえてカジュアルダウンがナチュラル流。

jacket COLOR WITCH
tops three dots
denim STYLE for LIVING
bag J&M Davidson
pumps PELLICO

Long cardigan

ロングカーディガン着比べ

気になるお尻周りを
カバーしてくれて、
縦長ラインが
簡単に作れる
ロングカーディガン。
1枚あると
季節の変わり目の軽い
はおりものとして重宝します。
骨格別に選び方と
スタイルアップの
コツをお伝えします。

ストレートタイプの着こなし

ボタンは留めずに
縦長ラインで着やせ効果を

長すぎない着丈、キレイ目で透けない素材が選ぶポイント！ ソフトなニット素材にはレザー小物で艶感をプラスして。

cardigan UNITED ARROWS
tops Spick&Span
pants NOLLEY'S
bag Pelletteria Veneta
sunglasses GU
pumps CHEMBUR

ナチュラルタイプの着こなし

膝より長いロングカーデでスタイルアップ！

着るだけで長さを出せるロング丈もひざ下以上の丈がバランス◎。麻やワッフル素材等風合いのある素材を選んで。あわせるネックレスも長くして、さらに重さをプラス。

cardigan PLST
tops Maison de mer
denim STYLE for LIVING
bag no brand
pumps PELLICO

ウェーブタイプの着こなし

前が短いデザインで、重心を上げて

やわらかな素材感がつくるフレアーシルエット、前が短くなっていることで、裾が軽くなり重心も上がり苦手なロング丈でもスタイルアップ。

cardigan AMACA
denim Lee
bag KAYU
pumps PELLICO

ストレートタイプの着こなし

直線的な
チェスターコートなら
Iラインが簡単に作れます

襟元は深めにあいたチェスターコートがすっきり着やせして見せてくれます。着丈も膝丈くらいがバランスをとりやすくてオススメです。

coat Mila Owen
knit TOMORROWLAND
pants NOLLEY'S
bag TOFF&LOADSTONE
pumps no brand

Spring coat

スプリングコート着比べ

コート類も骨格によって似合うポイントが違ってきます。春先に着たいスプリングコートは、軽快さを出しつつ無難にならず、垢抜けて見える、選び方と着こなしを。

ウェーブタイプの着こなし

ショート丈を
選んで重心を上に
軽やかに！

軽い素材のショート丈コート。ベルトをキュッとハイウエストに結び、裾をなびかせ軽快に！　ほんのりピンクのクラッチで春色コーデ。

coat FRAGILE
denim Lee
bag Three Four Time
pumps MODE ET JACOMO Meda

ナチュラルタイプの着こなし

モッズコートで
こなれカジュアルが
完成！

ラフなスタイルが得意なナチュラルにオススメのモッズコート。厚底のおじ靴と大きな布バッグでボリュームをプラス。

coat beautiful people
knit PLST
pants UNIQLO
bag NUMBER M
shoes Boisson Chocolat

Wool coat

ウールコート着比べ

気軽に何枚も買える物じゃないから、
自分の骨格に合うものを慎重に選びたい。
冬のコーデをおしゃれにするかしないかはウールコートで決まります。

ストレートタイプの着こなし

上質なウール素材とセットインスリーブで着やせ効果UP

ノーカラーコートもストレートタイプが選ぶならこんな直線的なVラインがスッキリ見えてオススメ。インナーを同色にするとIラインも強調されます。

coat UNITED TOKYO
knit JOSEPH
pants Noble
bag TODAYFUL
pumps FABIO RUSCONI

ナチュラルタイプの着こなし

ドロップショルダーのざっくりコートで立体感を！

身体のラインを拾わないざっくりコートはヒールとあわせてエレガントに。ボリュームのあるファーストールで更に奥行きのあるスタイルに。

coat Munich
knit Whim Gazette
pants GAP
bag cecile
pumps Odette e Odile

ウェーブタイプの着こなし

Xラインを意識してフィット＆フレアー

重くなりがちなロングコートは、ギュッと細く絞ったウエストベルトで重さを受け止めて。上はコンパクト、下は広げたXラインシルエットに。

coat INED
knit UNITED ARROWS
skirt UNITED ARROWS
bag HAMANO
pumps BOUTIQUE OSAKI

Column 2

苦手アイテムは「色」でバランスをとる

色は明るくなればなるほど軽く見え、
暗くなるほど重くみえる性質があります。
この性質をスタイリングに利用することで
苦手なアイテムを着こなすことができます。

①軽さがほしいウェーブタイプがロングスカートをはきたい場合

ロングスカートをはくと重く見えて、スタイルダウンしがちです。それでもはきたい！ という時は明るい色を選んでみてください。アイテムが重くても色で軽さが出せますよ。

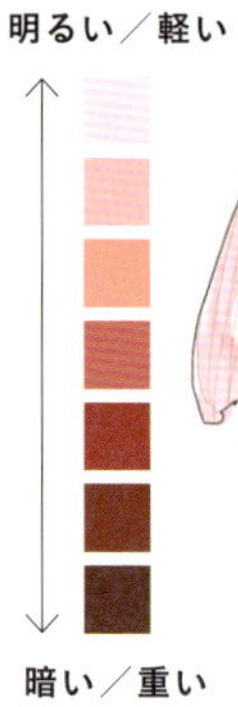

②重さがほしいナチュラルタイプが短めの丈のスカートをはきたい場合

短い丈のスカートをはくと軽く見えがち。スタイリングに重さを出すために、色を暗くすることで長さが足りなくても重さを出すことができますよ。

＊色を味方につけて
「好き」を着こなせると楽しいですね。

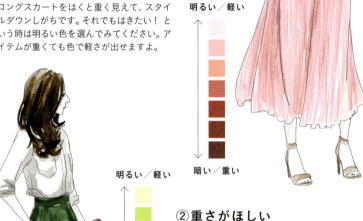

3

骨格ごとに似合う小物がある！

似合う小物
プラスオンで垢抜ける！

服の数は少なくてＯＫ。
小物使いがうまければ、むしろおしゃれ度がアップするもの。
ただ好きだから、流行っているから、となんとなく選ばずに、
自分の骨格スタイルにあった小物を用いると、
ぐんとスタイルアップします！

＼ 小物でアゲる! ／
ストレートタイプにオススメ
バッグと靴

Bag & Shoes

プレーンなパンプスは飾りのないベーシックなタイプを。装飾をそぎ落としたシンプルさが、コーデを格上げしてくれる優秀アイテム。

LEFT FABIO RUSCONI
RIGHT PELLICO

カジュアルなスニーカーやローファーは厚底はNG。レザー調やキャンバス地がオススメ。

LEFT BOEMOS RIGHT Fabel

Shoes for straight

- 装飾性のないシンプルなデザイン
- キレイめな皮素材
- パンプス、ローファー、ショートブーツなど

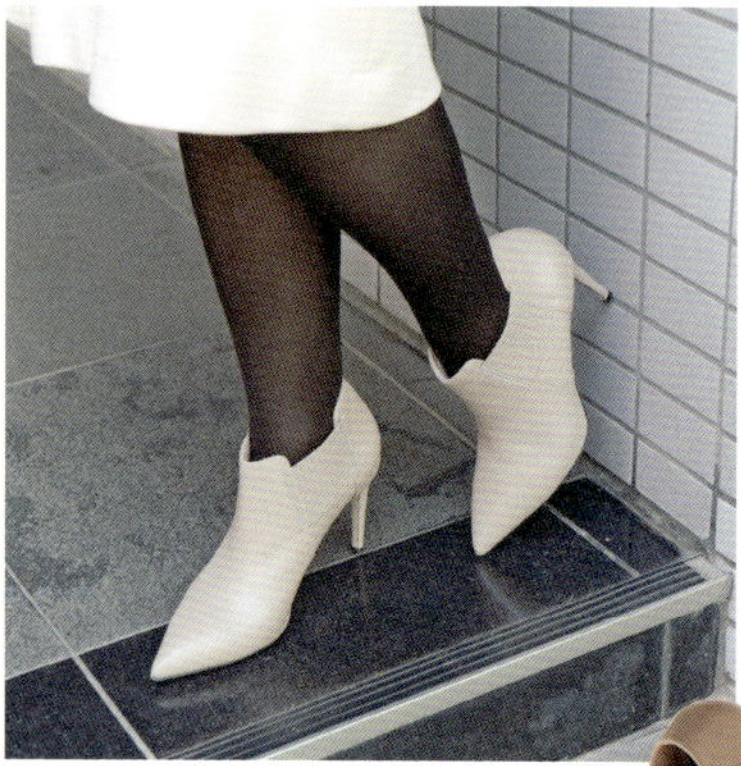

ショートブーツは細い膝下をキレイに見せてくれます。装飾の無いシンプルなデザインを。

LUCENTI

フラットシューズもポインテッドトゥがベスト。シャープな先端が全身をスッキリ見せてくれます。

LEFT ZARA RIGHT CHEMBUR

メリハリのある立体ボディで華やかさのあるストレートタイプには、バッグや靴はシンプルなデザインのものがよく映えます。装飾性があると盛りすぎな印象に。また、小さいもの細いものも体格の良さを強調してしまいNG。

お仕事スタイルに欠かせない上質レザーのトートバッグはA4サイズが入る大きさが目安です。型押しも◎。
LEFT BELLMER RIGHT VIOLAd'ORO

丸みを感じるバケツ型バッグは素材にこだわって。しっかりとしたコットンキャンバスと上質レザーで上品なものを選ぶとよいです。

VIOLAd'ORO

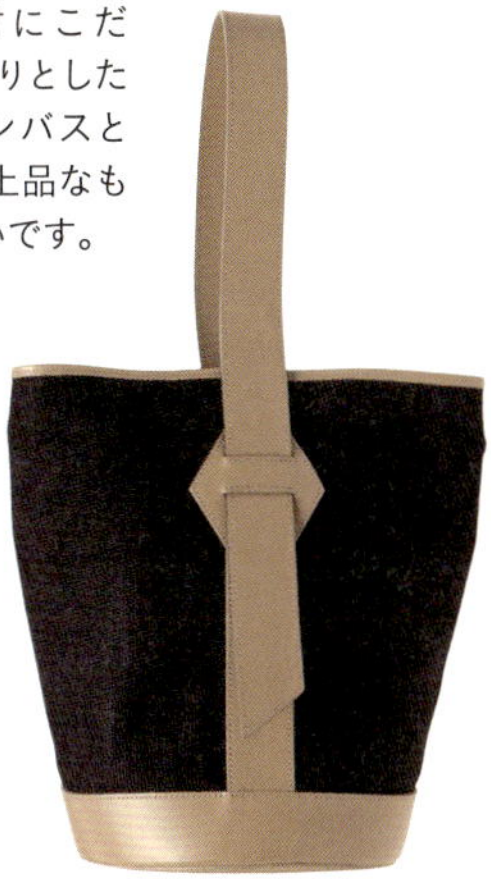

Bag for straight

・マチのあるかっちりしたもの
・上質な革やキャンバス地のもの
・ケリーバッグやトートバッグなど

巾着型のバッグなら、キレイ目なレザー調がマスト。上質な素材感は肌の質感ともリンクします。クタッとした風合いやソフトな素材はNG。
MARCO BIANCHINI

クラッチバッグは長方形がベスト。きりっとしたフォルムがスタイリッシュさを演出してくれます。
TOFF&LOADSTONE

＼小物でアゲる！／

ウェーブタイプにオススメ

バッグと靴

Bag & Shoes

プレーンなパンプスに物足りなさを感じたら、柄を投入！　アニマル柄なら目立ち過ぎずOK!

Odette e Odile

ショートブーツは、細いヒールや、ふわふわのファーで軽さをプラス。甲が見えるブーティは、膝下を長く見せてくれます。

no brand

Shoes for wave

- 装飾性のあるデザイン
- 光沢のある素材
- パンプス、バレエシューズ、ファー付きブーツなど

どんなコーデにも合わせやすいシンプルなサンダル。ヒールやストラップは細く華奢なデザインを選んで。アンクルストラップが、足首にメリハリをつけてくれます。

H&M

カジュアルにも、フェミニンにも合わせられるバレエシューズは足元が重くならないので◎。ビジューの付いたシューズもオススメです。

LEFT GU RIGHT PIPPICHIC

華奢でやわらかい雰囲気のウェーブタイプには、小物も曲線的でソフトなものがオススメ。また、装飾性のあるデザインのものも華やかさをプラスしてくれるので◎。大きくてかっちりしたもの、直線的なものは負けてしまうのでNG。

ミニサイズのカラフルなチェーンバッグはアクセントに最適。面積が小さいのでいろんな色に挑戦しやすい。ファー素材も◎。

RIGHT RODE SKO
LEFT Belluna

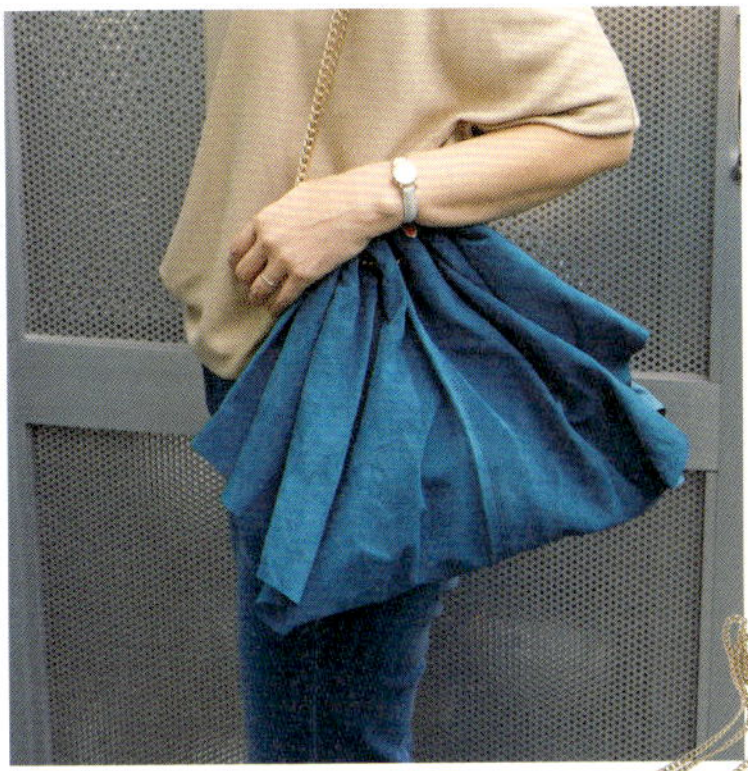

カジュアルバッグも、ソフトな素材がオススメ！ ストラップは短めで重心UP!

SLY

Bag for wave

- ・小さくて薄いもの
- ・ショルダーは細いもの
- ・キルティング素材のものなど

形がしっかりとしたカゴバッグ。大きさは、全体のバランスが大切。厚みもあるので、小ぶりのもので。

niko and...

ボストンバッグも、丸みのある小さめサイズでバランス良く。エナメル素材が、華やかさをプラスしてくれます。

DIANA

小物でアゲる!

ナチュラルタイプにオススメ

バッグと靴

Bag & Shoes

ヒールのしっかりしたチャンキーヒールは履くだけで重心を下げられるお助けアイテム。カジュアルはもちろんビジネスコーデにも取り入れて。

Odette e Odile

ストラップサンダルはストラップが太め、かかともしっかりしたものを選んで存在感を。

PIPPICHIC

おじ靴を選ぶポイントはソールが厚いこと。ずっしりとした重みがコーディネートのバランスをとってくれます。

Boisson Chocolat

Shoes for natural

- ・カジュアルなデザイン
- ・ヒールはがっしりしたもの
- ・スニーカー、ローファー、ムートンブーツなど

ハイカットは重心を下げられるマストアイテム。ロングスカートにもパンツにも幅広くあわせて。

CONVERSE

ショートブーツを選ぶならスエード素材がオススメ。ヒールもできるだけ太めのものを選んで。

Esse ut Esse

骨格がしっかりしていて大人カジュアルをおしゃれに着こなすことができるナチュラルタイプには、存在感のある大きめなバッグが似合います。個性的なデザインやラフな素材もOK！　反対に小さくて華奢なものは避けたほうが無難です。

シンプルなバッグもスタッズやパイピングなどハードなモチーフがミックスされていると◎。一泊くらいできそうな大きめなバッグも普段使いにできます。

RIGHT STYLE DELI
LEFT ZARA

柄入りのクラッチバッグはカジュアルにぜひ取り入れて。コーディネートに動きがでます。

no brand

Bag for natural

- 大きめで存在感のあるもの
- ツヤのないラフ素材
- トートバッグやボストンバッグなど

ビジネスにも使える大きめのトートバッグ。素材はレザーでも表面はフラットでないものを選んで。タッセル使いがナチュラルらしい。

UNITED ARROWS

大きめのカゴバッグはいろんなカタチがあるので自分の好きなデザインで遊んで。

ROUGE a levres

オススメの素材ムートンはバッグで取り入れて。秋冬のニット素材との相性も抜群です。

Anita Bilardi

骨格別 素敵に見せてくれるアクセサリーの選び方

Jewelry

シンプルな装いに一つプラスするだけで、コーディネート全体を華やかに格上げしてくれる大切なアイテムがアクセサリーです。そして、骨格タイプによって似合うアクセサリーももちろん異なります。

それを知らずに、自分の好みで選んだり、友達がつけていてステキだったから、流行しているから、などの理由で選んでいる人が多いようです。それではせっかくのアクセサリーも引き立ちません。

身につけ方によってオシャレ度をＵＰしてくれるだけでなく、骨格的には苦手とされているけれど、でも好きなアイテムを似合わせるのに一役買ってくれたりもします。

ぜひ自分の華やかさを引き出してくれるアクセサリー使いの達人になってください。

for Straight

- ・シンプルなもの
- ・直線的で平面的
- ・規則的なもの
- ・硬質、冷感

ピアスは耳元で揺れないポストタイプが得意。パールや貴石の一粒ピアス、大きめフープも◎。カジュアルなボリュームタイプはシンプルデザインを選んで。

バングルは適度な太さでかっちりしたシンプルなデザインのもの。クールなメタルタイプや本革もオススメです。

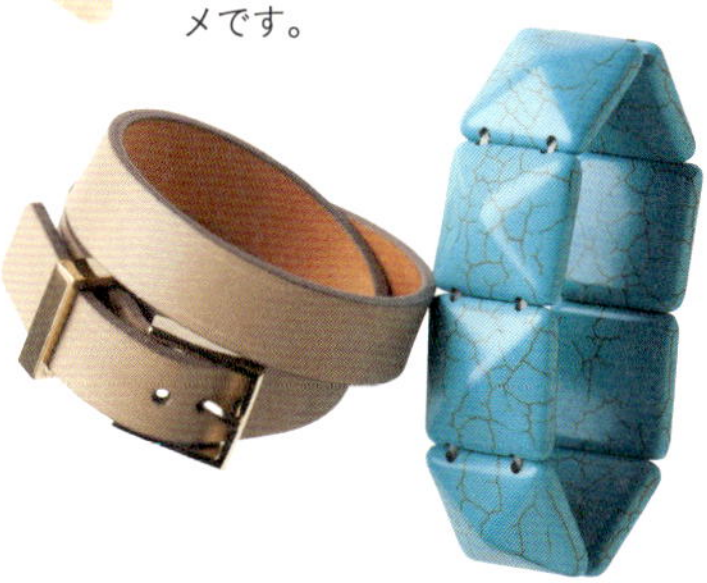

ロングネックレスはみぞおちくらいの長さが◎。上半身に厚みがあるのでジャラジャラつけず二連まで、シンプル使いがオススメ。

イヤリングは光るパーツの小さな揺れが軽さを足してくれます。大きめのパーツは中が開いていると軽く見えます。

手首には、重心を下げない華奢なパーツのブレスレット。ターコイズも、華奢なデザインならよし。

for Wave

- 小さくて華奢
- ビジューなど光るもの
- ガラスビーズなど透けるもの

寂しくなりがちの胸元を軽い光が華やかに飾ってくれます。

for Natural

- ・大ぶりなもの
- ・ゆれるもの
- ・マットな質感
- ・形の不ぞろいなもの

太めのバングルはレザーならカジュアルに。つや消しゴールドやシルバーならきちんと感も出せます。

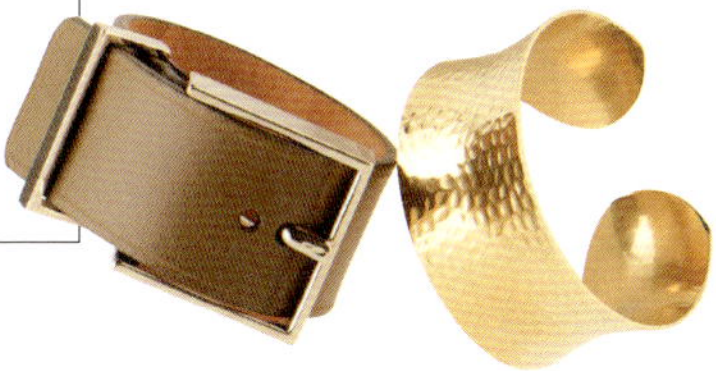

耳に揺れる大きなピアスは素材がマットなものや天然石を選んで。耳にぴたっとつくフープピアスも大きめがオススメ。べっこうなどマットな素材を選んで。

つや消しシルバー×レザー等異素材の組み合わせがマットな質感によくあいます。ターコイズ等、天然石でかたちの不揃いな多連使いのネックレスも映えます。

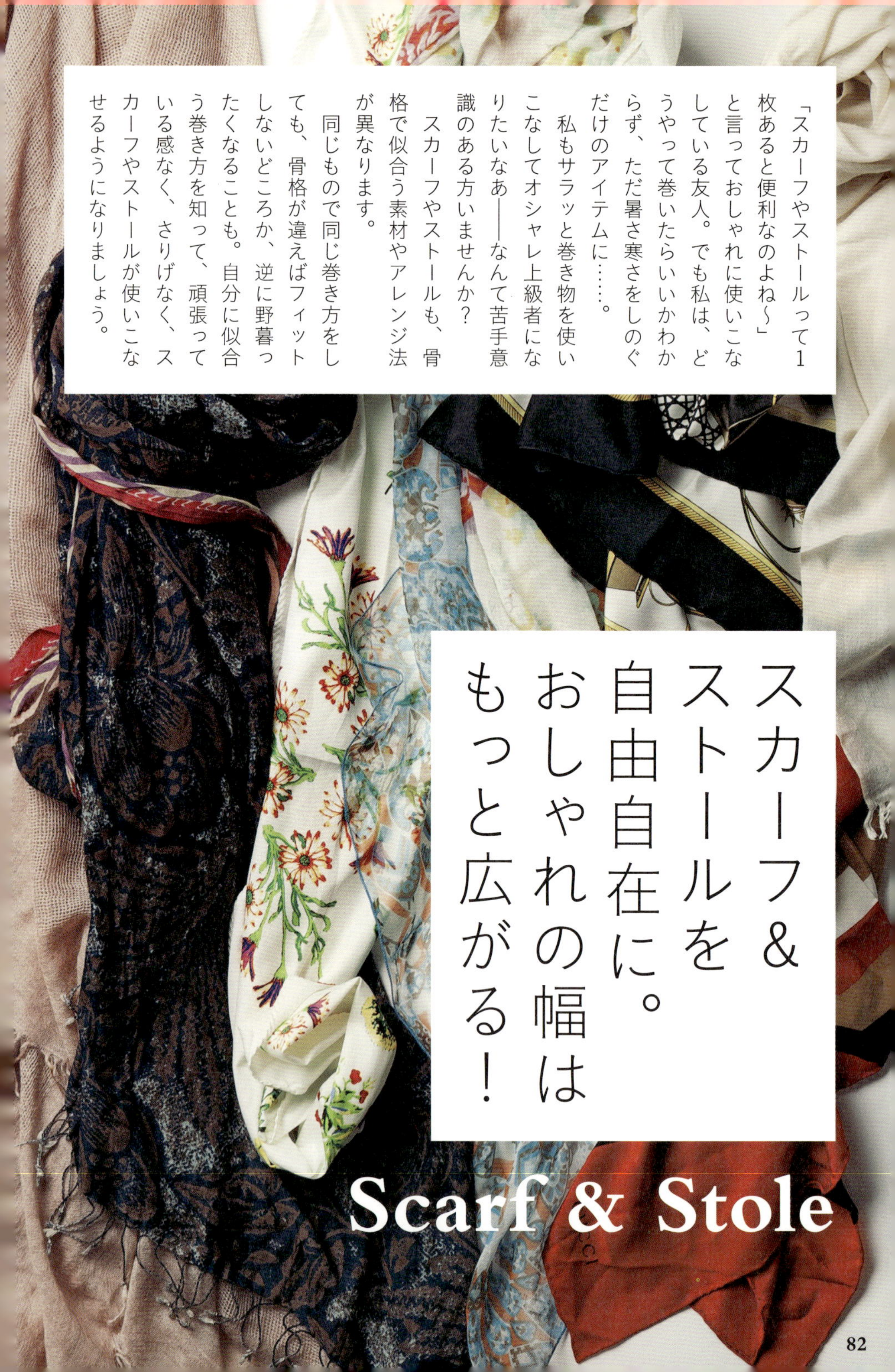

Scarf & Stole

スカーフ&ストールを自由自在に。おしゃれの幅はもっと広がる！

「スカーフやストールって1枚あると便利なのよね〜」と言っておしゃれに使いこなしている友人。でも私は、どうやって巻いたらいいかわからず、ただ暑さ寒さをしのぐだけのアイテムに……。

私もサラッと巻き物を使いこなしてオシャレ上級者になりたいなあ——なんて苦手意識のある方いませんか？

スカーフやストールも、骨格で似合う素材やアレンジ法が異なります。

同じもので同じ巻き方をしても、骨格が違えばフィットしないどころか、逆に野暮ったくなることも。自分に似合う巻き方を知って、頑張っている感なく、さりげなく、スカーフやストールが使いこなせるようになりましょう。

ボリュームが少なめのリッチなカシミアストール。難しいアレンジよりシンプルなループクロス巻きで。

for **Straight**

・シルク、
　カシミア素材など
　高級感のあるもの
・Iラインを強調する巻き方
・柄は定番や直線的なもの

丸みのある体幹は縦長ラインのアレンジでスッキリ見せて。スカーフはきれいに畳んだ方が立体感が出ず◎。

プチスカーフを襟元からのぞかせて。立体感は出さずにスカーフの色柄を楽しむアレンジもオススメです。

上質なカシミア素材は定番アレンジのワンループで。デコルテに厚みを出したくないのでゆるく巻いて首元には抜け感を。

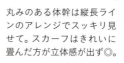

for Wave

・小さめのサイズ、薄いもの
・透け感のある軽い素材、
　シフォンなど
・ボリュームが出ない巻き方

透けるくらい薄いコットンなら、ストールのボリュームも気にならない。ループノットの結び目を横に持っていき、垂れる長さを短めに。

ひし形の変形スカーフ。細い幅の形を活かしてアフガンでふんわり。

ハリのあるシルクのスカーフは、シングルリボンでボリュームを抑えて。

大判ストールも、8の字でコンパクトに巻けば主張しすぎずオススメ！

カシミアマフラーを「ひと巻き」結びで胸元にボリュームをもってくるだけで華やかに。

三角に折ったストールの端を首の後ろで結んだスタイル。カジュアルなデニムスタイルの時などに使えます。コートの中にするのも◎。

for Natural

- 大判サイズで厚みのあるもの
- 大きなファー、ざっくりした麻素材など
- 胸元にボリュームがくる巻き方

グルグル2回巻きで結んだだけの巻き方は、トップスがシンプルすぎた時にオススメ。

シルクスカーフというとどうしてもかしこまりがち。あえてデニムロングスカートとあわせてデイリーに使えるカジュアルスタイルに。

MY定番パールの選び方

パールは世界的に見ても格式あるジュエリーの一つです。
冠婚葬祭だけではなく、デイリーにも使える
オールマイティなアクセサリーなので、
大人女性ならば一つは持っていたいアイテムですね。
でも実は……骨格のタイプによって
似合うパールの粒の大きさや形やデザインが違うんですよ！
各タイプのオススメパールを知って、
おしゃれの幅をもっと広げてくださいね。

ストレートタイプのおすすめ

- 8㎜以上の大きさ
- 粒がキレイに揃って整っているもの
- 本真珠が◎
- コットンパールなら
  ざらざらしていないキレイ目なもの

ウェーブタイプのおすすめ

- 8㎜以下の大きさ
- 淡水パールが◎
- コットンパールなら
  ざらざらしていないキレイ目なもの
- 華奢なデザインや軽さを感じるもの

ナチュラルタイプのおすすめ

- 1㎝以上の大きさ
- 粒が大きめなもの
- バロックパールや
  花びらパールなどの不揃いな粒が◎
- 粒の大きさがランダムに
  配置されているデザイン

4

印象の決め手は「素材」にあった！

骨格別・似合う素材と柄で魅力的な印象にチェンジ！

見落としがちなおしゃれに見えるポイントは素材です。
自分の骨格に似合わない素材では、
どんなにデザインがよくても絶対におしゃれに見えません。
同じように柄も、その人によって似合う柄・似合わない柄があるのです。
自分を魅力的に見せてくれる素材や柄を発見してください。

おしゃれな人は自分に似合う「素材」を知っている

きれいにアイロンのかかった白シャツにシルクのスカーフをさりげなく巻いた女性。

20代のころ、いつかそんなシンプルな着こなしが似合う大人の女性になりたい……。

そう思っていた私ですが、鏡にうつる姿は素敵とはほど遠い貧相な私。

高級素材なのにそうは見えない？ なんで？ やせすぎているから⁇

それからは何が似合うのかおしゃれの試行錯誤がはじまりました。

気づけば麻や、ローゲージニットなど天然素材がワードローブの定番になっていました。

骨格スタイルの理論を知った時に、タイプにより「似合う素材と苦手な素材がある」ということを知り、ようやく腑《ふ》に落ちました‼

「カタチ」や「色」にばかり目がいきがちで、「素材」をあまり気にしていなかった。

おしゃれをしているつもりでも、なんだかしっくりこない……その原因は意外にも「素材」だということも多いんですよ。

BY ナチュラル しらすぎ

Straight

ストレートタイプに似合う素材集合!

コットン100%、ウールやカシミア、表革、シルクなど、適度なハリと高級感のある素材との相性が◎。ストレートタイプの弾力のある肌となじみ、よりリッチな印象に。身体のラインもキレイに見せてくれます。苦手な素材はシフォン、モヘア、ベロア、ナイロンなどのやわらかいもの。着太りして見えます。また麻などのラフな素材もカジュアル度が強すぎてしっくりきません。

Wave

**ウェーブタイプに
似合う素材集合！**

ポリエステル、レーヨン、シフォン、モヘア、ベロアなどのふんわりやわらかい素材や、透け感のあるもの、光沢のある素材、ストレッチ素材との相性が◎。華奢でソフトな骨格のウェーブタイプをフェミニンで品のある印象に。またファンシーツイードは身体に厚みのないウェーブタイプだからこそ着こなせます。苦手なのは革や麻、ハードデニムなどの厚くて硬い素材、ハリのあるものやゴワゴワした素材です。

Natural

ナチュラルタイプに似合う素材集合!

綿、麻などの風合いのある天然素材のもの、ウール、コーデュロイ、フランネル、ムートンなどボリュームのあるものなど、ラフでカジュアルなものとの相性が◎。ダメージデニムやバックスキン、シワ加工素材などハードな印象の素材をかっこよく着こなせるのもナチュラルならでは。苦手なのはテロテロした合成繊維、光沢のあるものや透ける素材。シルクやシフォンも安っぽく見えるので苦手です。

自分の得意柄・苦手柄を知ろう

あなたをもっと魅力的に！

「柄物は苦手」とおっしゃる方、多いですよね。おばさんっぽくなってしまったり、着まわしに困るという声も。私も、ずっと苦手でした。無地だけでは飽きてしまうので、ボーダーやチェック柄に手を出しては、山登り？　安っぽい部屋着？　という残念なことに……。試着してみて、「あれ？　似合うかも？」と、不安ながら購入し、結局よく着たのは小さい柄の服ばかり。

その後、骨格スタイル分析を勉強して、その謎が解けました。かつて私が、一生懸命取り入れようとしていたチェックやボーダーは、ウェーブタイプの私にとっては直線が強い苦手柄だったのです。そして、「キャラじゃない」と避けていた、小花柄やドットなどが実は得意柄でした。似合う柄とは、真逆のものを選んでいたのですから、柄が全て苦手、と思ってしまうのも無理はなかったと思います。

柄選びは、その柄が「大きいか小さいか」「直線的か曲線的か」など、ちょっとしたポイントを考えるだけで、素敵に取り入れることができます。

まずは、ワンアイテム！　小物からでも柄を取り入れて、いつものコーデをおしゃれに格上げしちゃいましょう。

BY
ウェーブ
のむら

Straight

ストレートタイプに似合う柄

Floral pattern
花柄（大きめ）

大柄で色のコントラストが強いもの、遠目で見ると直線を感じる柄がオススメ。可愛らしい小花柄は体幹とマッチしないので要注意！

Stripe
ストライプ柄

縦のラインを強調してくれるストライプ。直線的で規則的な柄が得意です。幅は細すぎない方がベター。

Tartan
タータンチェック

トラディショナルな柄もストレートタイプは得意です。適度な大きさのチェックが◎ ストール等の小物で取り入れても。

Wave

ウェーブタイプに似合う柄

Paisley
ペイズリー柄

無地だけのコーデはどこか寂しく、一点どこかに柄が欲しいウェーブタイプ。コーデの最後に小物で取り入れて！ 使ったのは、小さい柄のペイズリー。曲線的な柄なのでオススメ！

Floral pattern
小花柄

大人の女性も、ボトムなら取り入れやすい花柄。柄が大きくなり過ぎると、迫力に負けてしまうので小花柄で。

Polka dot
ドット柄

どこか子どもっぽい印象のドット柄は、甘くなりすぎないように色で引き締め、シンプルなデザインのアイテムで大人っぽく着こなして。

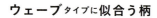

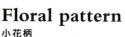

fight!

Botanical

ボタニカル柄

葉や茎など、植物をイメージさせるボタニカル柄は不揃い感がでるのでナチュラルタイプにオススメです。華やかなパーティーシーンにも取り入れて。

Camouflage

カモフラ柄

カジュアルの代表のような柄ですが、大人の女性が取り入れるならバッグ等小物でさりげなく取り入れることをオススメ。

pon!

Natural

ナチュラルタイプに似合う柄

Stripe

ストライプ柄（太め）

直線を選ぶなら太めのストライプがオススメ。太さも細い、太いが混じっていると不揃い感が出てお似合いです。

Column 4

使える！ キッズトールサイズの服

細身のウェーブタイプによくある悩み

「ボディーフィットするサイズがいいと言われても7号でもブカブカ」

デパートなどの「小さいサイズの婦人服」は、身長が低い人向けで、
着丈が足らないことが多いです。また、リボンやレース、
裾がスカラップになっていたり、と必要以上にかわいいデザインのものが多く、
「サイズがあっても好みと違う」ということに……。

小さいサイズの婦人服　　キッズトールサイズ

そこで、おすすめなのが
「キッズトールサイズ」

・150㎝以上の子ども服。ブランドによっては170㎝まである

・大人の服に負けず劣らずオシャレ

・子どもの華奢な骨格や、まだ丸みがない薄いからだに合わせてあるので、素材もサイズ感もウェーブタイプに嬉しい

・ハイウエストで、トップスの着丈が短いものが多い

・価格が安い

＊Shopで試着するのはちょっと抵抗がありますが、
ぜひ一度試してみてください。
もしかしたら、サイズ感ピッタリのブランドが見つかるかもしれません。

5

みんなのお悩みＱ＆Ａ

おしゃれの〝困った〟解決します！

体型コンプレックスをなんとかしたい、
着太りして見えたくない、
似合わないけど、この服がどうしても着たい、
みなさんのリアルなお悩みに全力でお答えします！

ウェーブのお悩み

Q

下半身が張っていても似合うパンツ教えて！

下半身にボリュームがあるウェーブタイプのパンツの悩みを挙げるとキリがありません。カッコよく履けない原因は、

①普通のパンツは、股上がウエストまでない
②ウエストとヒップの差がある
③ピタッとしたパンツは、腿ハリが目立つ

①無理にウエスト上げると現れるVのシワ
②股上が足りないため胴長に見える
③足の付け根のサイズが足りなくて横ジワが

A

下半身が張っている人はこんなパンツを選びましょう！

①股上⇨ウエストまである深いもの
②タック有り⇨ウエストとヒップのサイズ差をカバーするのに必要
③シルエット⇨スリムなクロップドパンツが得意

深い股上・タック・クロップド
ウェーブが欲しい3大要素！

タック入りのゆとりは横に張り出した腰まわりをシルエットでごまかせます

クロップド丈のスリムパンツなら膝下もほっそりで見た目がワンサイズダウン！

ワイドパンツも腰回りのコンプレックスカバーアイテム

重心を下げてしまうので、ウェーブタイプにNGのワイドパンツですが、腰回りのコンプレックスカバーには、嬉しいシルエットなのです。素材の選び方、丈などに気をつけて着こなして。

サイズが合えばタックなしでもOK！

ウエストとヒップのサイズ差をカバーできるデザインならタックなしも◎。

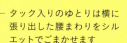

ストレートのお悩み

Q

流行のざっくりニットを着太りせずに着たい！

上半身に厚みのあるストレートタイプがローゲージニットを着ると、着膨れしてしまいます。ストレートタイプのNGポイントは、

①首元が詰まったデザイン
②着丈・袖丈が長め
③全体的にダボッとしたまま着る

①首の短さが強調されて窮屈そう
②着丈が長いので胴長に見える
③立体感のあるローゲージで着太りして見える

横から見ても膨らんでいる…

A

ストレートタイプがニットをおしゃれに着こなすには素材選びが重要。立体感のある上半身が着膨れして見えない素材を選ぶことが大事です！

NG素材

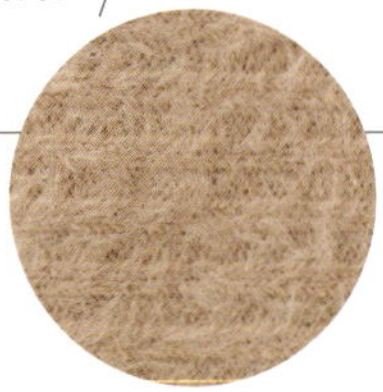

縄編みのような凸凹の立体感が出る編地や、ふんわりとした起毛感を感じる素材は着太り、またはだらしない印象に見えるので要注意！

Before

前から見ても横から見ても、
着太りしてみえる…

After

首元はスッキリ
あいたVネックで
長めの着丈は
ボトムスにイン
重心バランスは
ジャストを意識して

OK素材

ローゲージでもなるべく目の細かいキレイ目に編まれているものを意識して。縦に編まれているものの方が◎。

ナチュラルのお悩み

Q

暑くてアクセサリーも重ね着もしたくない！でもシンプルは寂しくなる…

After

髪の毛をおろして重さをプラス

ゆったりビッグシルエットで身体から離して

大きなかごバッグなどで重さを

ワイドパンツで下重心に

Before

シンプルすぎる…

暑い夏はシンプルなTシャツとパンツ1枚で過ごしたい！ でも体が薄くて骨感のあるナチュラルタイプはゴツゴツした印象になりがち。

A

重ね着しづらい夏こそビッグシルエットのトップスやワイドパンツを取り入れてみてください。ヘアスタイルをダウンにすることや、大きめのバッグを持つなどでボリュームを出すのも◎。

ナチュラルのお悩み

Q

ナチュラル冬の盛りすぎ注意報！

冬はニットなど素材だけでもかなり重くなるので、ビッグシルエットが得意だからといってやりすぎると、かえって野暮ったくなってしまいます。

Before

上も下も重い…

A

ワイドパンツをはいたらトップスはゆったりではなくコンパクトに。全部ゆったりさせないのが大人のナチュラルスタイルにはオススメです。

盛ればいいってもんじゃない！どこか１箇所はしめる！

After

ウェーブ&ナチュラルのお悩み

Q

貧相に見えたくない！でもボリュームの乗せ方がわかりません…

上半身が薄くて貧相になりがちな、ウェーブとナチュラル。骨格が違うので、ボリュームの乗せ方にも違いがあります。

A
アクセサリーでボリュームを乗せる

for Natural

肩まわりにボリュームを出す。Yラインシルエットになるよう首の付け根に重さが出る大ぶりアクセがオススメ。

for Wave

ボリュームは欲しいけれど重さは苦手なウェーブタイプ。量はあるけれど、軽いものがオススメ！ 光るパーツや透けるパーツが軽く見せてくれます。

A
ファーでボリュームを乗せる

for Natural

冬に大活躍のファーストールは長さがあり、ラクーン等毛足が長くて毛並みが無造作なものが◎。

for Wave

ファーも見た目のやわらかさと大きさがポイント。選ぶなら、ふわふわの毛足の短いラビットファーがオススメ！

ナチュラルのお悩み

Q

小さいバッグが似合わない…どうしたらいい？

ナチュラルタイプは大きなバッグがマストですが、たまには小さなバッグも持ちたい！そんなときはこんな風に！

After

子どものを借りてきた!?

Before

小さいバッグを持つと、どうしてもバランスが悪くなり、まるで子どものものを持っているようになりがち。

A

バッグにストールを巻きつけてボリュームを出しましょう。その際柄ものを取り入れるとさらに立体感がでて、コーデに奥行きが出せますよ。

Q

トレンチコートをカッコよく着こなしたい！

同じトレンチコートを３タイプが着回し！
着こなし方でこんなに違って見える！

着くずしたいときは、ボタンは留めずにIラインを作るとスッキリ縦長シルエットに

Back Style

前から見たときに身体から離れたシルエットにならないように、広がりをベルトで調整して！

ストレートタイプがきちんと着ると…

トレンチコートはストレートタイプが大得意！ 立体的でメリハリのあるボディがカッチリしたデザインのトレンチにぴったり。

ナチュラルタイプが きちんと着ると…

真面目に着ると胸元のボリュームもなく、オシャレには見えづらい。

ウェーブタイプが きちんと着ると…

直線的なデザインや素材の硬さが気になり、ジャストのベルト位置も胴長に見えがち。

襟を立たせて
袖もまくるなど
無造作に

前をあけて
ラフに着る

ボリューム
ストールを
たてに巻いて
長さを出す

①着崩して無造作に着る、②ストールで長さを出す、この2点をポイントにするとナチュラルらしいトレンチコートの着こなしができます。

ハイウエストで
ベルトをきつく
結び重心を上げる

ベルトの上に
立体感を出し、
下は広げて
フレアーにして、
Xラインで
メリハリを作る

手首を出して
重心を上げる

ラビットのファーが、コートと肌の間で、硬さを分断し、胸元に立体感と華やかさを足してくれます。苦手なトレンチも、自信を持って着こなせます。

ウェーブのお悩み

Q

小さいバッグが似合うと言われても、仕事のときはA4が入るバッグを持ちたい！

A

こんなバッグならOK！

・軽く見える素材、やわらかい革や、合皮
・エナメルなどの光沢のあるもの
・角にやや丸みのあるもの
・持ち手が細いもの
・マチが薄いもの

ストレートのお悩み

Q

上半身に厚みがあるストレートタイプが着太りせずにドルマンスリーブを着るには？

A

こんなドルマンスリーブならOK！

・フラットでキレイ目な素材
・首元は開いたデザイン
・身幅はできるだけ身体に沿っているもの
・着丈は長すぎないこと

ウェーブのお悩み

Q 胸元が薄いウェーブタイプはネックの開きすぎがいつも気になる…

A 気になる開きにちょっとした小ワザでネック直しを

背中の中心を内側に折って、数センチのところを縫います。ボックスタックになるようにネックを留めれば、もう気にならない！

After

これでかがんでも安心！

背中に入ったタックも、立体感が欲しいウェーブタイプには嬉しい飾りに。

Before

胸元の薄さが寂しげな印象に

肩の厚みや胸元の立体感があれば、こんなに開きません。この開きは少しかがむとおへそまで見えてしまいます…。

ウェーブのお悩み

Q ウェーブタイプが苦手なスニーカー。似合わせるポイントは？

足元が重いととたんに野暮ったくなってしまうウェーブタイプは、スニーカーも苦手アイテム。選ぶポイントを押さえておしゃれに！

A

- **ソールの厚みがなく軽く見えるもの**
- **シンプルなデザインで小さく見えるもの**

ナチュラルのお悩み

Q

ラフにできないお仕事スタイル、どうする？

ラフな着こなしが得意のナチュラルタイプですが、ラフにできないビジネススタイルの時に困ってしまいます。

After

大ぶりのアクセサリーでボリュームを

ボタンは留めずにあけて着崩すと◎

白いボトムスでさわやかさをプラス

柄のスカートを投入！ リズムが出る

Before

地味な印象…

かちっとスーツを着るとどうしても寂しい印象になりがち。

A

セットアップスーツでなく上下ばらして着るのがオススメ。柄のスカートで動きをつけたり、ジャケットと違う色のボトムにするなど、コーディネートに変化をつけて、きちんと感を残しつつおしゃれに見せて。

ナチュラルのお悩み

Q

子どもの服を借りてきたの？と言われたくない！

重心を下に下げたいナチュラルタイプが着丈の短い袖や丈のものを着たいときのポイントは？

After

ロングネックレスで長さをプラス

大きめバングルで重さをプラス

ストールで長さをプラス

ウェッジソールで重さをプラス

Before

寸足らず!? 子どものものを着ているように見えてしまう…。

A

着こなしの全体で長さが出るように、ストール、ネックレス、ウェッジソールなどで重心を下げるようにすることがスタイルアップのポイントです。

Q 骨格別に似合うタートルネックを知りたい！

3タイプ、それぞれ似合うタートルがあります。

ストレートタイプの着こなし

首が短めなので襟の詰まったデザインは苦手ですが、ベーシックな形とハイゲージニットを選べば問題なし！

ナチュラルタイプの着こなし

ビッグシルエットのニットをラフにかっこよく着こなせるのはナチュラルタイプだけ。タートル部分も大きめのものを選んで。

ウェーブタイプの着こなし

薄いデコルテにふんわりと立体感を足してくれるオフタートルがオススメ。ただし、重く見えてしまうボリュームはNG。

ストレートのお悩み

Q

流行のボリューム袖…気になる二の腕を隠してくれ、着やせして見えるって本当？

A

ジャストサイズが得意なストレートタイプ。袖の太さも同じこと。身体から離れてボリュームが出ると着太りして見えるので要注意！　素材選びも大切なポイントですよ。

Q

骨格のタイプによって似合うタイツってあるの？

for Straight

40〜60デニールくらいの程よい透け感がオススメです。

for Natural

コットン素材やリブなど透け感のないマットなものがオススメです。

for Wave

40デニールくらいの透け感が、重くなりがちなタイツを軽く見せてくれます。

ナチュラルのお悩み

Q ナチュラルタイプは重ねれば重ねるほどいいの？

OK!

ヘアがダウンスタイルの時はそれだけでボリュームが出るので、ストールをしたらネックレスはなしにするなど、引き算も必要です。

A

大ぶりのものが似合うからと、ストールもネックレスもピアスもと、あれもこれもつけすぎると、うるさくなりがち。またテイストが違いすぎてもバランスが悪くなってしまいます。

NG

ストレートのお悩み

Q シャツよりもブラウスが好き。とろみ素材でエレガントな印象にしたい！

A

ストレートタイプが苦手な化繊系のとろみ素材は安っぽく見えたり着太りして見えがちです。あきの深いVネックに直線的な袖、着丈も注意して形で得意に寄せましょう。

- ☑ **デコルテはスッキリあける**
- ☑ **袖は直線的にストンと**
- ☑ **着丈は長くしない**

ソフトで軽い素材は色の力を借りるのも手。白よりダークカラーの方が素材に重さや厚みを感じるのでオススメです。

ストレートのお悩み

Q

Vネックが似合うと言われても
飽きちゃいました。
他のネックラインも着たい！

A

首が短めでデコルテに高さがあるストレートタイプはどうしても詰まって見えがち。似合うロングネックレスを活用して直線的ラインを作ると、視線も縦に流れ、スッキリと見えます。

OK!

After

Before

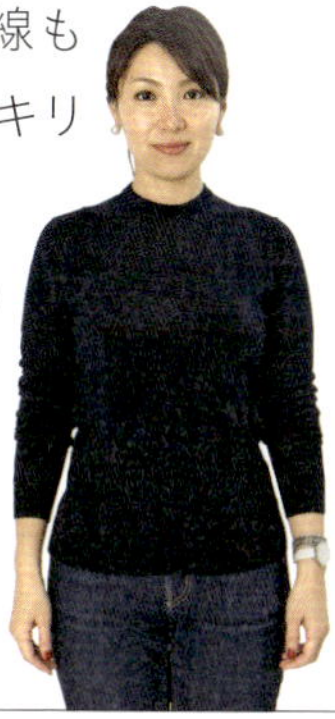

ウェーブのお悩み

Q

ウェーブタイプは
いつもウエストにインしないと
いけないの？

Before

全部インしてしまうと、何だか野暮ったい、腿ハリが余計に目立ってしまうことも！

After

コーデに自然な曲線をプラスしておしゃれ度UP!

A

ウエストマークしたいのは、重心を上げたいから。重心をあげるのは、手首や足首を見せることでもかないます！

自分に本当に似合うヘアスタイルを知っていますか？

Hair style

ヘアスタイルだってコーディネートに欠かせない大切な一部。でも、自分に似合うヘアスタイルがわからない！　という方が実はたくさんいらっしゃいます。

かくいう私もヘアスタイル難民の一人でした。

かつてはゆるふわエアリーヘアに憧れて、フェミニンスタイルを夢見ては、スタイリング後のケープを外してもらったときの、あのガッカリ感……数知れず。

キレイに整えてもらってもなんだか自分の気持ちがファッションとしっくりこなくて、結局いつも一つ結びにしてしまっていました。

顔⁉　私の顔がいけないの⁉　いや、この体型のせい？　と、美容室に行くたびに憂鬱になっていたこともありました。

そんなとき、この骨格スタイルの理論に出会って、あの時のオーダー自体がそもそも違っていたんだということを知りました。ゆるふわが似合わなかったのは顔のせいでも体型のせいでも、もちろん美容師さんの腕のせいでもなかったのです（笑）。骨格スタイル分析で自分に似合うヘアスタイルがあることを知り、目からウロコだったのは言うまでもありません。

ヘアスタイルって、顔の額縁でもあるし、とっても大事なもの。ぜひあなたも自分に似合うヘアスタイル、ヘアアレンジを知って、もっと素敵になってほしいです。

BY
ストレートましこ

ストレートタイプの**ヘアスタイル**

・ストレートヘア、ショート、ボブ、ロング
・直線的（特に顔まわりにカールは×）
・ツヤ感大事
・前髪の透け感が苦手
・一つにまとめたアレンジでスッキリ見え
・おくれ毛はだらしなく見えるのでNO！

for Straight

Hair style for
Wave

ウェーブタイプのヘアスタイル

・ウェーブヘア、セミロング、ロング、ハーフアップ
・曲線的（首元や胸元に曲線を入れる）
・ストレートヘアでも、立ちあがりふんわりとブロー
・前髪も軽く、厚めにとったり直線で揃えるのはNG
・フルアップもふんわりと、おくれ毛など、曲線をプラス

ナチュラルタイプのヘアスタイル

・ロング、ベリーロング等長さのあるヘアスタイル
・アップスタイルは無造作なまとめ髪がオススメ
・まとめる位置を下に
・おくれ毛を出して、きっちりしすぎないこと
・おデコの生え際が四角い人が多いので、生え際は隠す

Hair style for Natural

ストレート増子の場合

毎日のコーデは靴から選んでいます

START 今日はショッピングレッスン♪
たくさん歩くから歩きやすいローヒールにしよう！

歩きやすさ、で言えば
スニーカーだけど…

百貨店も回るから、カジュアルすぎるよりキレイ目がいいかな？

キチント感がある
ローファーにしよう！

靴が決定！

靴が決まったら、次はボトムスを選びます。スカートとパンツ…どちらがいいかな～？

GOAL!!

できあがり～

元気よく、
行ってきまーす！

小物も大切！
白を選んで
ヌケ感を
出すのが
ポイント！

着こなしポイントは、前だけインして腰回りはスッキリと。着丈も長過ぎると着太りして見えるので要注意！ 得意な深めのVネックがベスト！

カジュアル感を出したいから、ちょいゆるニットで似合わせよう♪

似合うベーシックなVネックニットもいいけど…

フラットシューズと相性の良い9分丈センタープレスパンツがバランスとりやすいかな！

たくさん歩くし、
やっぱりパンツ！

お次はトップス。靴&ボトムスがかっちりしたアイテムなので、トップスはシャツよりもニットでソフトさを足そう

毎日のコーデ、こんなふうに決めています！

ウェーブ野村の場合

今日は、買ったばかりのコレを着よう！

START

ボトムは、どうしようかな？

とりあえず着てみよう！

ちょっと1人でがんばっちゃってる感じ？ 浮くかな〜？

トップスふわふわだし、シンプルにいこうかな？

やわらかい素材同士だと、何か物足りない！ 柄物だから、アクセサリーもうるさい？

セットアップ？

上下揃ってれば安心だし、ラクしちゃおうかな？

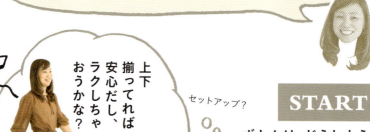

靴は？ トップス柄物だから、無地だな〜？ 無難にベージュかブラウン？
いい感じ！
やっぱり決めた！革にしよう！
ちょっと待った！これ！着てみませんか？
そう？
あり？
あり！
あり！
行ってきまーす！
GOAL!!

毎日のコーデ、こんなふうに決めています！

ナチュラル白杉の場合

毎日のコーデはその日の気分で♪

START

今日は白いデニムを
はきたいな

トップスはどれにしようかな…

うーん、同じリネンだけど丈が違うんだよなあ…どっちがいいかな？

丈の短いシャツタイプのリネンにしようかな♪

あれれ〜？

いつもは似合うのになんか変だぞ!? そうか、いつもはワイドパンツのような裾広がりのボトムをあわせるけど、今日のデニムは細みだから重心が下がらないんだ！ おまけにシャツの着丈が短いからお尻がながーーく見えてますますバランスが悪い

大きなバッグでさらに重さを足して

行ってきます！

大ぶりのピアスとネックレスで、首回りのボリュームも必要

GOAL!!

うん！ やっぱりチャンキーヒールの方がバランスがいいね!!

フラットシューズにしてみた。悪くはないけど、細身ボトムスにフラットシューズだと足もとにボリュームが足りなくなるな…

丈の長いプルオーバーにかえてみた。うんうん、やっぱり細身のボトムスにはトップスの着丈は長めがいいね！

パイソン柄のフラットシューズとチャンキーヒール、靴はどっちにしようかな？

次は足もと

おわりに

普段は講師として骨格スタイル分析を伝えたり、個人向けのサービスを活動の軸としてファッションに携わる私たちは、「似合う」を提案するだけでなく、「苦手」でも好きなものはあきらめないで着てほしい、「似合う」を知ったその先のスタイリングをお伝えしたい、と思っています。

そんな思いから２０１７年の夏にＴシャツに特化した骨格スタイリング本を電子書籍で出版したのがはじまりでした。一般の方にわかりやすく、取り入れやすくを考えながら、予算もないので（笑）、構成からスタイリング、モデル、編集まで自分たちでやりました。

次はどのテーマでいく？　年に3回くらいは出したいね……と話していたころに、大和書房さんから「皆さんの思いを紙の書籍で出しませんか？」とオファーをいただきました。わたしたちの本が書店に並ぶ⁉　最初は、まさか！　騙されてる⁇　と思ったくらいです（笑）。

そこからは怒濤の打ち合わせの日々。どうやったらよりわかりやすく伝えられるか、まだ骨格スタイル分析を知らない方にも見やすくわかりやすく、をとにかく考えました。

モデルでもない、どこにでもいそうな私たちだからこそ伝えられること。

そして、正解だけでない着こなし。

ファッションは元々楽しむもの。正解はないけれど、センスではなく理論をベースに、もっと自由なスタイリングをお伝えしたかったのです。

本書の中には、え？　これってストレート？　ウェーブ？　ナチュラル？　というような形や素材の着こなしもたくさん掲載しています。けれどよく見ると、どこか必ず理論と繋がる部分があります。

骨格スタイル分析を知っている方にも、初めて知ったという方にも、本書がファッションをより楽しく、より自由に選べるモノサシになれば幸いです。

何もわからない私たちをここまで導いて下さった編集の小宮様、出版に関わってくださった皆様、サービスを受けてくださった皆様、そしてこの理論を私たちに伝えてくださった骨格スタイル協会の師岡代表には心から感謝しています。ありがとうございました。

２０１８年初秋

大人の着こなし研究所

Staff Credit

撮影・人物　布施鮎美

静物　窪田慈美

ヘアメイク　井上紗矢香（AFLOAT）

イラスト　寺澤ゆりえ

デザイン　仲島綾乃

スタイリングアシスタント　田島玲子

校正　大川真由美

協力　一般社団法人 骨格スタイル協会

Special Thanks

師岡朋子（一般社団法人 骨格スタイル協会代表理事）

着《き》るだけで
きれいに見《み》える服《ふく》がある
40代《だい》になったら、骨《こっ》格《かく》で服《ふく》を選《えら》びなさい

2018年12月1日　第1刷発行

著者 大人《おとな》の着《き》こなし研《けん》究《きゅう》所《じょ》
（増《まし》子《こ》栄《えい》子《こ》、野《の》村《むら》奈《な》央《お》、白《しら》杉《すぎ》端《もと》子《こ》）

発行者 佐藤 靖

発行所 大和《だいわ》書房
東京都文京区関口1-33-4
TEL 03-3203-4511

印刷 歩プロセス

製本 ナショナル製本

ISBN 978-4-479-92124-0

＊本書に掲載の洋服、小物はすべて著者の私物です。
現在販売されていないものもあります。ご了承ください。
＊本書の情報は2018年10月31日現在のものです。